女子高生
いま

橘川幸夫 編

令和JK
ココロの
引き出し

basilico

装丁●高瀬はるか（早川デザイン）

女子高生いま⦿目次

はじめに――若者の時代

橘川幸夫

若者はどこから来たのか

若者文化とは、実は戦後の文化なのだと思っている。戦前までは若者といえば「子ども」のことであり、「大人」が標準の社会人だった。「子ども」はやがて一人前の「大人」になるための予備軍であり、半端で未熟な存在とされていた。「若者」は「子ども」が「大人」になる直前の一時期における存在であり、だからこそ昔の「若者」は早く「大人」になりたくて背伸びし、タバコを吸ったり酒を飲んだりした。

しかし今の若者は、大人になりたくて背伸びはしない。むしろ大人を軽蔑し、大半の若者は、自分が大人になりたいとは思っていないのではないか。この構造変化は、どうして起きたのだろうか。

私の認識では、それは一九六〇年代に始まった。

ちなみに一九六〇年の出来事をWikipediaから拾ってみよう。

二　月：皇太子明仁親王と同妃美智子夫妻の第一子として、浩宮徳仁親王（今上天皇、第一二六代天皇）が誕生する。

四　月：タカラ（現タカラトミー）がビニール製人形「ダッコちゃん」を発売（一八〇円）。大ヒットする。

五　月：創価学会第三代会長に池田大作が就任。

六　月：改定安保条約批准阻止の全学連七〇〇〇人が国会に突入。東大生樺美智子さん死亡。

九　月：年アメリカ合衆国大統領選挙でジョン・F・ケネディとリチャード・ニクソンの第一回テレビ討論開催。アメリカ合衆国大統領選挙史上初のテレビ討論。

十　月：東京・日比谷公会堂で開かれた三党首立会演説会で日本社会党の浅沼稲次郎委員長が演説中、右翼の少年（当時十七歳）に刺され死亡（浅沼稲次郎暗殺事件）。

十二月：日米コカ・コーラボトリング（当時の社名は日米飲料。以後、北九州コカ・コーラボトリング→コカ・コーラウエスト→コカ・コーラボトラーズジャパンと社名が変わる）設立。

敗戦による焼け跡の後始末が終わりつつあり、「豊かな社会」へ向けて高度成長の時代が始まる時代である。一九五九年、明仁皇太子と民間人である正田美智子さんの結婚は、日本の新時代を象徴するイベントとなり、全国の国民が熱狂した。そして、結婚式のパレードを見るために、テレビが大ベストセラーとなった。

テレビの普及は、日本社会を根本的に変えた。私は一九五〇年に東京の新宿の下町で生まれ育った。五〇年代の私は、学校から家に帰るとランドセルを放り出して外に出て、集まってきた近所の子どもたちと路上遊びに夢中になっていた。年長の子どもが新しい遊びを仕入れてきて、年下の子どもたちに教えていた。おそらく、戦前から続いてきた地域のガキ大将の遊び方だと思う。ビー玉からべーゴマ、「下駄隠し」「だるまさん転んだ」など、子どもたちは夢中になって遊んでいた。

しかし、家庭にテレビが導入されるにつれて、子どもたちは学校から帰ってきても路地裏に遊びに出なくなってきた。みんな、帰ったらテレビの前に釘付けになった。そこには、毎日が映画館や遊園地のような非日常のエンターテイメントが満載であった。私たちは、テレビに夢中になった。

戦後の象徴「現代っ子」

子ども調査研究所という民間の小さなシンクタンクがかつてあった。六〇年代から九十年代までに、日本の高度成長とその後の停滞を大企業とともに歩んできた会社だ。「リカちゃん人形」や「チョロQ」などの玩具から、子ども用の食品飲料アパレルなど、あらゆる業種の商品開発担当者がそのオフィスに出入りしていた。私は学生時代に、ここの高山英男所長に発掘されて出入りするようになり、マーケティングの仕事を学んだ。グリコには三〇年以上、毎月のように大阪本社に出かけて、最新の子どもの意識や関心事項をレクチャーし、それをベースにグリコのおまけを作るといった具合だった。私も何度か高山さんに同行したことがある。

高山さんは、子ども調査研究所を立ち上げる前、編集者だった。三一書房で出した松本俊夫の「映像の発見―アヴァンギャルドとドキュメンタリー」という映画マニアには必読の名著も高山さんの担当編集で、「映像の発見」というタイトルは自分がつけたと聞いたことがある。

高山さんは編集者時代、横浜の小学校でユニークな教師を発見して彼の本を作った。その教師は阿部進、通称カバゴンという名前で個性的な教育評論家として時代の寵児となった人だ。高山さんが作った本は『現代子ども気質』（新評論。一九六一年）である。この時に

「現代っ子」という概念を作ったのは高山さんである。

それまでの「大人のお供としての子ども」ではなく、自分の感性と意志を持った「新しい子ども」である。高山さんは、この「現代っ子」の登場には、テレビの普及に最大の理由があると考えていた。つまりそれまでは、世の中の出来事は、社会で仕事をしている大人、とりわけ父親が世の中のことを一番知っていて、家の中にいる母親や子どもは父親の眼を通してしか世の中の出来事に触れる機会がなかった。

しかし、テレビの普及により、現代の最先端情報や流行現象はテレビがいち早く伝えてくれる。世の中とは現実世界ではなく、テレビが伝えてくれることになっていったのである。会社に閉じ込められている父親は以後、逆に流行に疎い世間知らずと思われるようになった。

戦後出現したそういう新しい社会では、大人の言う事を素直に聞く、たとえば親が買った服を子どもが喜ぶことはなく、親が与えたお菓子も子ども自身の欲求と異なるようになってきた。

高山さんは、このような社会の新しい変化の中では、大人も子どもも同じように現代を生きる存在だと認識した。そして、新しい子どもを「現代っ子」として位置付けることによって、企業に様々な提案をしていったのだ。

お菓子メーカーは伝統的なお菓子ではなく、「現代っ子」のニーズに合致した商品を開発すれば、新しいマーケットが拡大する。さらに、テレビで子どもたちの番組を作って宣伝すれば、日本全国で新しい市場を形成することができる。こうして、あらゆる業界が「現代っ子」向けの市場開発を進めた。

「現代っ子」とは、有体に言えば団塊の世代である。この巨大なボリュウムゾーンが消費者として成長することによって新しいマーケットが生まれ、歴史的な高度成長を果たしたのである。

鉄腕アトムのアニメに夢中になりながら、マーブルチョコレートが売れ、アメリカのアイビーリーグのファッション情報が広がるに連れて、ＶＡＮやＪＵＮという若者向けアパレルブランドが流行った。ホンダのバイクも、ＳＯＮＹのオーディオも、新しい若者たちのニーズを取り込んで新たな市場を形成した。

戦後の高度成長は、団塊世代が仕掛けたのではない。戦中世代が仕掛けて、団塊世代は消費者としてその仕掛けにのり、高度成長を牽引したのである。

「若者」から「ヤング」へ

六〇年代の中頃、団塊世代の端っこにいた私の世代も思春期を迎え「若者」になっていた。一九六四年に創刊された週刊『平凡パンチ』は、まさに団塊世代という新しく登場した巨大マーケットをターゲットとしていた。この『平凡パンチ』は、かつての「若者たち」が「ヤング・ピープル（ヤング）」という新たな概念に置き換わったことを象徴する媒体となった。そして、「ヤング」という名詞は時代の言葉になった。

子どもから大人への端境期に固有の様々な葛藤に悩む当時の私たちにとって、「ヤング」という概念は非常に魅力的だった。つまり、それまでのように大人が一般的な社会人で、子どもは未熟な存在として位置づけられていたので、多くの若者たちは「自分は子どもなのか大人なのか」というジレンマに苦しんでいたと思う。そこに大人でも子どもでもない「ヤング」という概念が登場したのだ。それは、大人になるためのモラトリアムな存在ではなく、確固とした固有のアイデンティティを表していた。そうか、大人でも子どもでもなく「ヤング」になればよいのか、と思ったのだ。

思うに、おそらく六〇年代に十代だった世代の大半はヤングを選択し、やがて大人になることなく、ヤングのままで成長し老いているのではないか。これも時代の大きな流れだったと思う。

おしゃれな老夫婦やバイクに夢中になる中年、いくつになってもロックフェスで踊っている大人は少なくない。これも、戦後社会が産み出した新しい人生様式である。それは、旧来の常識とか制度とか風習とかを越えて、個人で選択した生き方なのだろう。

翻って、大人と子どもというアンビバレンツな葛藤を経ることもなく、最初からひとりの個人として生まれ育ったのが現代の若者だと思う。

少子化は問題なのか？

やがて団塊世代は成長し結婚し､子どもを生む。その成長に合わせて「ニューファミリー」というコンセプトが提案され、新しい住宅や家電、マイカーなどの市場が拡大した。七〇年代のオイルショックにも失速することなく、八〇年代に入っても日本は飛躍的に成長する。そして、八〇年代後半のバブルを経て九〇年代初頭、「夢のような時代」はあっけなく終焉を迎える。

周知の通り、九〇年代に入ると日本は低迷・混乱・閉塞感が蔓延する「漂流の時代」に突入し、三十年にもわたって漂流し続けている。その間、政府は「高度成長の夢をもう一度」とばかり様々な政策を立てるが、低迷の本質が分かっていなかった。

私たち日本人は、敗戦の荒野から豊かな社会を求めて、すべての国民が同じ思いで「豊かさ」を希求したのだ。しかし、高度成長によって実現した「豊かな社会」に生まれた子どもたちは、そのようなハングリーさを持っていない。満腹なのに、さらにご馳走を見せつけても目の色は変わらない。

私たちは、戦後社会を完全に終わらせて新しい社会の目標を見つけなければならないのに、政治は相変わらず貧しい時代の発想しか持ち合わせていない。

たとえば少子化問題にしても、人口が右肩上がりの拡大をすることに果たして意味があるのだろうか。確かに戦後のある時期までのように、生産力と消費力の両面が必要であるなら、少子化はリスクとなるだろう。しかし、物質的な豊かさを求める運動が終わっていたとしたら、むしろ少子化の中で一人ひとりが目的をもって自由に生きられる社会を築いていった方が健全なのではないだろうか。

おそらく若い世代は、そのことに気がついていると思う。量の価値よりも一人ひとり個人の内的価値へと、価値観の重心が移っているように思う。

メタ世代の登場

現代の消費者を分類するのに、いろいろなネーミングがある。代表的なのは以下のようなものだろう。

Z世代（十九〜二十六歳）とY世代（二十七〜四十一歳）、X世代（四十二〜五十六歳）、Xより上の世代（五十七〜六十九歳）

X世代とは、一九六五年から一九八〇年代前半。ロバート・キャパの『Generation X』という本に出てくる名称で、ベビーブーマー（団塊の世代）の次の世代になる。この世代は、生まれた時からテレビが当然のように家庭にあった世代である。

Y世代は、ミレニアム世代とも呼ばれ一九八〇年、もしくは一九八一年から一九九〇年代の世紀末に生まれた世代。団塊ジュニアと呼ばれる戦後第二世代である。

Z世代は、九〇年代半ばから二〇一〇年ぐらいまでに生まれた世代で、一九九五年からインターネットが世界的に普及した社会、生まれた時からインターネットがあった世代である。

ただ、こうした世代論は量的マーケティングの時代には意味があっただろうが、世代で一括りしても共通性が視えなくなってきたのが九〇年代以後のマーケティングの特徴であろう。

ただし、X世代の情報環境がテレビであり、Z世代以後がインターネットという新しい生活環境を共通の要素とする世代のクラスター分類には、まだ意味があると思う。かつて、田舎に住んでいた人が都市に移住して、価値観や生活様式が大変化したように、都市からテレビ、テレビからインターネットへ移行した人たちにも共通の変化があると思うからだ。


さて、そうした観点から本書の主題である女子高生たちへのアプローチを考えた場合、現在十六歳になる女子高生が生まれた年には何があったのだろうか。

二〇〇七年一月九日、米アップル社から初代 iPhone が発売されている。iPhone に代表されるスマートフォンは、テレビやインターネットと同じく、社会の大きな変革ポイントになった。テレビやインターネットの場合、テレビ受像機やパソコンの前に自分が向かわなければならないが、スマホ携帯は自分自身とメディアが一体化した存在になってきたのである。この事実は、個人の意識形成や主体性の認識に大きな影響を与えているはずである。

私は、生まれた時からスマホがあった世代のことを「超越（メタ）世代」と命名したい。この世代の人生観や行動パターンは、これまでのものを超越（メタ）していくのだろう。

本書は、そうした問題意識から取材を始めた。これまでの社会形成を主導してきたのは男性であり、その限界があらゆる局面で現れているのが現代であろう。この時代の大きな変化には男性よりも女性の方が敏感に反応していると考え、女子高生に限定したところから始めた。

二〇一九年末にＳＡＲＳコロナウイルス２（SARS-CoV-2）を病原体とする新型コロナウイルス感染症（COVID-19）の猛威が世界中を覆った。日本においても、学校通学や会社通勤という当たり前の日常行動が制限され、あたかも戒厳令のようであった。特に若い学生はオンライン授業になったり自宅学習を強いられたりして、友だちとの交流もしにくくなっていた。

また、ＡＩ（人口知能）の急速な発展は、社会の構造の土台を揺るがしていて、若者がこれから社会に出ていく時の仕事や生活がどういう風になっていくのか不安であろう。

そうした大きな時代環境の中で青春時代を過ごしている女子高生たちの声を取材するとこ

ろから本書のプロジェクトはスタートした。混乱期においても、それぞれの女子高生は自分の世界観を持ち、目標や方向性をしっかりと認識している子が多いことに驚くと同時に、若い世代への期待感が高まった。

本書に登場する女子高生キャラクターはすべて仮名であり、複数の女子高生へのインタビューで見えてきた実像をクラスター（群・集団）別に分類したものである。

取材にあたっては、多くの人に紹介してもらったり、ヒアリングをしてもらったりした。御礼申し上げます。

橘川をサポートして全体管理・編集を担当したのは淵上周平である。淵上君は、大学を出て角川出版で編集の業務を担当している時に橘川と出会った。その後、独立してソーシャル系メディアの編集をはじめとした活動をしている。

ともあれ、今後は男女を問わず、新しい世代の新しい方法と目的を探っていきたいと考えている。古い世代は死に、新しい世代が未来を生きるのだから。

我々「大人」は、日本の未来を担う若い彼らの感性や動きに学ぶべきことも多いはずである。

1

自立型表現者

こだわるＪＫ。自分で小遣いを稼ぐヲタク系絵師――蔵田菜々《くらたなな》

「腐女子」という言葉があるが、九〇年代から流通し始めた男性の同性愛、ボーイズラブ（BL）をテーマとしたマンガなどの創作物を愛好する女子を指すサブカルチャー用語である。腐女子に限らず、ヲタク女子の活動はますます盛んだ。アイドル、声優、マンガやアニメ、VTuber（Vチューバー）、ヲタク女子の好物となるコンテンツや対象はますます拡大中で、大きなビジネスにもなっている。女子高生の間でも「ヲタ活」は一般的なものになっているが、隠れて楽しんでいた昔と比べると、とにかく明るい。そんなヲタク的女子高生のこれまでの人生と現在の日々について聞いてみた。

蔵田菜々は、二〇〇六年五月生まれ。現在十六歳、高校一年生である。生まれたのは栃木の足利市だが、今は東京の多摩地区に住んでいる。住居はマンションの3F。父親は写真関係の会社の役員、母親は絵画教室の先生をやっている。身長は一六五センチと少し高め。横顔が少年顔だとよく言われた。長かった黒髪を、夏休み前にバッサリ切って明るめの色に染めた。なので、街を歩いているとちょっと目立つけど、気にしていない。

先生がハズレ

高校受験はたいへんだった?

「中学のときは先生と揉めてたので内申が低くて。だから入学試験の方でがんばって高校に入った」

揉めていたのは、「先生のモラハラがすごかった」からだという。たとえば長期休み明けに学校に行くと、「あなた、まだ学校にいるんですか? 憎まれっ子世にはばかるですね」と言われたりした。

お母さんに相談したら、「自分の言いたいことは言ったほうがいい。言わないと無意識が傷つくよ」と応援されたので、先生には遠慮なんかしないことにした。

先生とバトルするって、けっこうタフだよね。

「中二くらいから、自分がおかしい! と思ったことは、その都度先生や友だちにもいろいろ言ってました。だけど、周りの子たちは、私が思ってるほど違和感とか危機感は持ってなかったみたい。そこで自分がちょっと変わってるんだってわかってきた。上級生や友だちだった人とかから嫌がらせされたり、こっちからしたこともちょっとあった。でも、あの先生はほんとうにひどかった！」

いわゆる「先生ガチャ」の問題である。大人になれば多くのことは自分で選択できる。会社が嫌ならやめればいいし（やめられないこともままあるが）、嫌いな人とは付き合わないようにすればいい。でも学校では、ほとんど選ぶ余地がない。先生ももちろんそうだ。

先生は選べないから辛いよね。

「ＲＯＬＡＮＤさん（カリスマホストとして実績を上げた後、タレント・実業家に転身。『下を向くのは出勤時に靴を履くときだけ』など独特のナルシスト的な視点と言語センスで人気がある）みたいなことを言いますと（笑）、先生のハズレは二種類あって、まず話がぜんぜん通じない先生。こっちがなにか意見を言っても、「おーい！　聞いてますか～？　聞こえてますか～？」、みたいな先生。コンタクトをとれてる気がぜんぜんしない。たぶんなにも考えてない（笑）。昔生徒といろいろ嫌なことがあったのかもしれないけど。このタイプはおじちゃん先生に多い。もう一種類いるのが、モラハラ先生。自分が子どもたちよりも絶対偉いと信じてるんだと思う」

中学生にして、先生と戦う強さを身につけてしまった菜々。アーティストで、いわゆる

「歯に衣着せぬ」タイプだというお母さんの影響はけっこう大きいが、自身も小さなときから気持ちが強い子どもだったらしい。

小さい頃から気が強かった?

「今思うと、小学校の環境の影響があったかもしれない。うちの学校はクラスの六割くらいが外国人の子たちで、校内放送も十ヶ国語くらい流れてるような学校で（笑）。そんなクラスの中で、いろんな国の言葉ではあるんだけど、思ってることをバンバン言うタイプの子ばっかりで、すごいうるさかった。そこで育ったから、自分が思ったことはとりあえず言うもんなんだなということを、学んだというか染み付いちゃったのかな。そこに六年間居たっていうのは影響があるかもしれない」

当時彼女が住んでいた郊外の街には、製造業の大きな工場がたくさんあったので、アジアや南米などいろいろな国から労働者とその家族が集まっていた。インターナショナルスクールなどとはまったく違うインターナショナルな環境だった小学校で鍛えられたのだろう。

友だちからいじめではないが色々なことを言われて凹んでいた時もあったが、中二になったとき、スッパリ気持ちを切り替えた。

「弱々としてるのは恥ずかしいと思って。とにかく違和感あったら言うように、自分の表現を変えました。そのおかげで内申点は下がった（笑）。けどしょうがない」

中学三年の八月には志望する高校を決めて、期待できない内申の代わりにきちんと勉強して、今の高校に無事合格。芸術系の高校だった。

同級生はどんな人たちがいる？

「うちのクラスは四十人いて、ほぼ全員ヲタクです。ヲタクじゃない人は一人か二人しかいない（笑）。中学の時と違って、話が合う友だちもたくさんいる。今は居心地いいです」

絵を描いてるときがいちばん楽しい

今、彼女がスマホで一番アクティブに使っているアプリはTwitterだ。アカウントは四つある。

アカウントはどういう使い分けをしてるの？

「ネット絵用の本アカとサブアカ。それにマイナーな趣味を走らせてる裏アカ、学校の友だち用ですね」

「ネット絵」というのは、Twitterにアップしている自分で描いた絵のことだ。アニメやゲームのキャラ、VTuberの顔などがよく描かれ、アップされている。

どんな絵を描いてるの？

「よく描いてるのは葛葉さんとかニジサンジ（どちらも人気VTuber／バーチャルライバー）の人とか。夜に彼らの実況を見ながら絵を描いてるときが一番好きな時間」

YouTubeを流し見しながら別のことをする。マンガを読んだり宿題をしたり、絵を描いたり。動画の内容にもよるが、たとえばゲーム実況などでは画面をずっと見ている必要はあまりなくて、ラジオのように出演者が盛り上がったり怒ったりする声を聞いていれば楽しいらしい。実況を見ながら何かしているときが一番好きだという菜々。描いている絵は仕事にもなっているという。

どういう仕事の依頼があるの？

「TwitterのDMで連絡をもらうんですけど、活動者さん（ツイキャス・YouTuber・

Twitter・Instagramなど、ネット上で表立って自分を出して活動し、かつYouTubeとツイキャスというように複数のプラットフォームにまたがって活動を行う人たち）とか歌い手さんの歌ってみた動画のMVに使う絵とか、アイコンをつくって欲しいとか、好きなキャラ描いて欲しいとか、いろんなオーダーを頂いて描いています」

学校も勉強もあるので、もちろんフルタイムでは絵描きとして活動できないけれど、それでも多いときには月に数万円くらい稼いでいる。「うまいね」とか「きれいな絵描くね」と言われたりすると、もちろん嬉しい。

「あとは『よく考えて描いてるね』なんて褒められると、ああちゃんと見てくれたんだって思うので嬉しいですね」

稼いだお金の使い道としては、絵を描くのに必要な資料を買ったり、画材を買うこともある。あとはカラオケにいったりお茶をしたり。家と学校以外だと、主に棲息しているのは地元の駅周辺。アニメ関連のショップもあるしスタバもある比較的大きな駅の周りである。

自立したい

高校になって大きく変わったところがある。自立したいと思うようになったことだ。たとえば今まではやらなかった掃除も、自分でやるようになったのだという。

自立と部屋の掃除の繋がりがわかんないだけど？

「中学までは部屋がメチャ汚かったんですよ。もうほんとうに家ではダラけてたし、どうしてもきれいにできなかった。とにかくめんどくさいことはやらなかった。でも高校入って、やりたくないことをちょっとやってみたら、意外と大したことなかった。ていうか、けっこう楽しくて。こんな簡単に自分って変わるんだ！って発見でした（笑）。自分が今までできなかったことができるようになると、オトナになってる感じがする。昔よりぜんぜんいろんなことができるようになって、いろいろなことがうまくなってるなって、思います」

「最近ちょっと変わったね」とお母さんに言われるのも嬉しい。でも、早く大人になりたいのかというと、そういうわけでもないらしい。

大人になったらもっと自由になれるんじゃない？

「子どもだからまだ危ないことは気をつけないといけないし、夜に出歩いたりもできない。できないことはわりと多い。でもそのぶん、子どもだからできることもたくさんあると思う。留学とか旅行とかも、大人になって仕事をしていたらそんなに自由にできないだろうし。あと、今髪の毛を紫色に染めてるんですけど、会社に入ったらそういうのもできなくなっちゃう。今の学校は校則がゆるいから、そういうことも気楽にできる。ぜんぜん不自由は感じてないですね」

お母さんの影響、将来のこと

お母さんとは仲が良い。中学の前半には取っ組み合いをするくらいの反抗期を経て、今はお母さんと大の仲良しになった。お母さんのつくってくれるご飯も好きだし、服のセンスも影響を受けている。

お母さんのことを尊敬してる？

「朝ご飯は毎食違うし、お弁当も毎日違う。弟やお父さんはジャンクなご飯が好きだけど、お母さんはそうじゃなくて、ちゃんといい素材を使って手作りのご飯を作ってくれる。石鹸とかもカラダにいいものを使うところとかもそうだし、あとはきれい好きだったり。そういうこだわりに、すごい感謝をするようになった。昔はぜんぜん思ってなかったけど（笑）、自分もそういうセンスみたいなのをもらって、受け継いでる気がする。それは最近よく感じますね」

以前はまったく無頓着だった服への興味が出てきたのも、お母さんの影響による。

服はどうして関心持つようになったの？

「私服がダサいと描いてるキャラもダサくなるんですよ。服のセンスがいいと、描くキャラの服とかアクセサリーのデザインが良くなる。そういうのは、いろんな絵を見てきてわかるようになってきた。お母さんは服のセンスもよくて、その影響も大きい」

コスプレはやらないのかと尋ねると、好きだけど自分ではやろうとは思わないらしい。

ただ、人のこだわりを知るのは楽しいそうだ。

「自分と違うこだわりもっている人の話を聞くのは好き。勉強になります」

お母さんとは、よく話すようになった。でもお父さんとは距離がある。嫌いなわけではないけれど。夫婦仲がそんなに良くないこともなんとなくわかっている。そんな姿を見ているからか、結婚にはメリットを感じていない。

結婚ってどんなイメージ？

「いま思ってるのは、恋愛をして、付き合って、それで結婚するよりも、幼稚園からの親友と暮らす方が、生活するならうまくいくと思う。でも、そういうわけにもいかないし……。将来的に、結婚することは選択肢としてはあるけど、長年いっしょにいた友だちと暮らせたらいいかなって思ってる。それは同性でもぜんぜんいい。恋人だと十年会ってなかったらさすがに恋人じゃないし、けっこういっぱい会わなきゃいけないと思うんだけど、友だちだったら十年間会っていなくても問題ないでしょ。関係に縛られるのがいやというか、制限されるのに抵抗感があるのかな。ちょっとわかんないけど、まあとにかく自分のことでいっぱいで、次は家族や友だちが大事、って思ってるかな今は」

好きなモノとか音楽とか

最近買ったもの：コスメ、マンガ、アーティストさんのグッズ。

カバンに入ってる大事なもの：iPadとApple Pencil、絵を描くアプリのクリップスタジオペイントプロ。

聴いている音楽：一番はヨルシカ。ヨルシカのプレイリストが三つある。さわやかな透明感があって、疾走感があって、夏っぽいのが好き。日本語がきれいでストーリー性あるところも好き。Mrs. GREEN APPLEもその感じ。あとはCreepy Nutsの『よふかしのうた』（アニメ「よふかしのうた」のED曲）とかかな最近は。

読んでいる本とかマンガ：本は幼稚園、小学校のときはよく読んでた。湊かなえさんとか宮部みゆきさんとか。いまはマンガばっかり。ラノベ（ライトノベル）は会話が多くて、地の文が少ないから読まない。日本語がきれいな文章が好きで、そういうのを堪能するのが好きだったから。

⦿追記

「私ヲタクなんで」と少しだけ自嘲しながらも、内心は堂々と胸を張っている子が珍しくなくなった今の日本。女子高生の中でも、ヲタクはマイナーな存在ではなく、見た目はふつうに小ぎれいな子が、ヲタク的なこだわりやコアな趣味はもっていることは珍しくなくなってきている。

ただし地元の学校で、しかも多感な中学時代の三年間をヲタクキャラで通すのは、覚悟が決まった子か根っからのヲタクであって、まだまだ周りの目を意識して合わせたり、自らの嗜好は控えめにしていたりする場合が多い。それが高校に入ると、趣味全開に変わっていく。

また地元から離れた学校に通うようになり環境が変わることで、自由度も変わる。「オトナ」や「自立」といったキーワードがリアルになってくる。菜々の場合はきっちりと反抗期を経たこともあってか、今はお母さんと仲良しで尊敬もしているという。結婚観はクール。同性でもいいのでは、という点には現代的かつヲタク的なセンスを感じる。

YouTubeを見ながら絵を描くという行為には、いわゆるタイパ感覚もありそうだ。タイパとはタイム・パフォーマンスの略で、効率的に時間を過ごせたかという尺度。映画やYouTubeの倍速視聴なども〝タイパ〟を重視しての行動だし、「マンガはタイパがイマイチ」という声も聞く。無駄な時間がもったいない、という発言は高校生からしばしば耳にする。スマホやゲームとの距離のとり方も、もちろんディープにハマっている高校生もいるが（特に男子）、タイパを考えて適切な距離をとっている、ということなのかもしれない。

2

ポジティブなマイノリティ

やりたいことを自己責任でやる。壁のない社会をつくりたい

――佐々木冴《ささきさえ》

今の高校生たちにとって、コロナの影響は非常に大きい。二〇二二年時点で高三の子たちにとっては、入学時がコロナ騒動の真っ只中。入学式はほぼ中止、授業も最初からオンラインの学校も多かった。クラスメイトに初めて会ったのはテストの時、という話もよく聞く。友だちができず、スタートで躓いて学校に来なくなった子たちも少なくないようだ。

そんな中でも佐々木冴は、コロナを乗り越えて高校生らしい日々を送り、成長の機会にした。家族、友だち、学校の先生たちなど、周りにいる人たちとの関係の中で大人への階段を登っていく女子高生の姿。

冴は二〇〇六年八月生まれ。父はメーカー勤務の転勤族で、小さい頃はあちこち転居していたが、両親は娘の中学受験を考えるようになり、父だけが単身赴任をすることになった。今は東京二十三区内に母と妹と暮らしている。母は以前は働いていたが、今は専業主婦だ。

取材場所にやってきた彼女は、前髪の一カ所だけ緑に染めたショートヘア。大きな目がクルクルとよく動き、身振り手振りを交えて熱心に語ってくれた。

コロナですべてが変わった

冴は小学校の頃から勉強は嫌いではなく、中学受験のために小四から塾に通った。母の熱心な勧めで、夜遅くまで問題を解き暗記もした。その経験は今の自分にも活きているという。

小学校の時はよく勉強したんだ？

「はい。がんばってたけど中学受験には失敗しちゃって。ちょっと落ち込みましたが、中学に入ってからは、高校受験でリベンジだ！と思って、週四で塾に通ってバリバリ勉強してました。勉強が生活のすべてだったから」

勉強以外のことに関心が持てず、中学校では部活にも入らなかった。友だちも塾の仲間が中心だったという。

その最中にコロナがあったんだ

「中二に進級する春休みに、コロナで緊急事態宣言が出て……。それから学校にも塾にも行けなくなっちゃった」

冴は小さい頃から心臓に病気があり、今も病院に通っている。だから心配だったのはコロナに感染することだった。

「私が通っていたのは大きめの集団塾だったんですが、通い続けることでコロナに感染するリスクがあるかどうかよくわからなかった。なので、母と相談してリモートで塾に通うことにしたんです。でも塾から出される大量の課題を、自宅で毎日十時間解き続けていたら、頭がどうにかなって死にそうになって。それで塾をやめました」

塾をやめた後も、冴は自主的に勉強をしていた。人から指示されて勉強することはあまり好きではないので、自分でやりたいところを勉強していた。それはそれで楽しかったそうだ。そして家に居る時間が長くなったことで、スマホを触る時間の余裕ができた。ネットの世界に初めて入り、今まで知らなかった世界を知るようになった。YouTuber やすとぷり（すとぷり：すとろべりー・ぷりんす。ウェブメディアを中心に活動する六人組の人気エンターテイメントグループ）のような歌い手さんに夢中になる。

学校は普通に行ってた？

「中三の途中から学校がイヤだと思うようになった。受験が目的の勉強ばかりする周りの友だちや授業に興味がなくなっちゃって。教室に座って一時間近く黒板を見るだけの授業を、毎日六時間も受けるなんて効率悪いです」

学校の外に出て、図書館で好きな本を探して、受験が目的ではない勉強をするようになっていった。そんな考え方になったのは、やはりネットの出会いが大きかったと言う。

ネットに接してどういうふうに考えが変わったの？

「今までは学校と塾、あとは家族ぐらいの狭い範囲しか知らなかった。でもネットでいろんな人たちを見ることで、ああ、こういう自分とぜんぜん違う価値観の人もいるんだとか、私みたいに病気を持っていても自分の好きなことにこだわって生きてる人もいるんだとか、今までまったく知らなかった情報が手に入るようになった。そのうちに、もしかしたら自分がしたいことって勉強だけじゃないのではと思うようになってきて、それで学校なんてくだらないな、違うな、もうイヤだな、と思うようになっていったんです」

中学校の友だちは別に嫌いではない。高校になってからもお泊り会をする友だちもいて、仲も悪くない。お互い忙しいからあまり会えないけど、LINE や Instagram で繋がってもいる。でも、中学校自体は好きではない。だんだんと学校から離れて、一週間の中でどこか一日だけ休んでみたり、一カ月まるまる休んだりと、自分なりに適当にリズムを作って通うようになった。

親は心配した?

「学校を休むようになっても、お母さんは何も言わなかったです。お父さんも勉強していればなんでもいい、図書館で勉強したって身になっていればいいというスタンスだった。あ、でも無断で学校休んだ日はさすがに怒ってた(笑)。でも、「今日は図書館行きたい」と言うと、「いいんじゃね」と言ってくれる。やさしい、のかな? 小五の妹も、私の真似して学校を休もうとしてた。でも「あんたはうちでYouTube見るだけでしょ?」と言われて学校に行かされてますね(笑)。ちゃんと勉強すると思われていないからダメみたいです」

通信制の高校があることを知ったのは、テレビ番組で紹介されていたのを偶然見たからだ。

どう思った?

「最初は、こんな学校あるわけないじゃん! と思った。でも調べたら本当にあるんだってわかった。その時は一般受験をするのがどうしても嫌な時だったから、その通信制高校にメッチャ行きたくなりましたね。ここなら自分が好きなことにたくさん時間をとれる。

今まで自分が中学まで生きてきて、楽しいことは無茶苦茶あったけど、それは私の意志とは関係なくて、ただ流されるように時間が過ぎているだけだったのかもな、って気がついた。そうじゃなくて、もっと自分の人生を楽しみたいってすごく思いました。学校だと通学もあるし、やりたくない授業が六時間もあって、それに縛られてしまっていたら何もできない。勉強以外だと部活だけがコミュニティとしてあるけど、それだけじゃなくて、もっともっといろんなことができるところに行きたいと思いました」

高校はめちゃくちゃ楽しい!

今は通信制高校の一年生として、週五日の通学コースに通っている。

学校は、基本的に全員がネットコースに入り、通学するクラスをオプションとして取る仕組みになっている。ネットコースの卒業認定をとるためには、動画を見てレポートを書き提出するというワークがあるが、卒業に必要な提出物や課題は早い段階で片付けたという。

単位制の大学みたいに、自分のペースでクリアしていける仕組みなんだね

「私は一年生の六月で一年分終わらせました(笑)。とっとと終わらせて、あとは勉強しないという選択もできるし、自分の好きなことに取り組める」

やるのもやらないのも自己責任ってこと？

「ちゃんと勉強したい人はやる。自分で計画を立ててやるから自主性が必要で、自分でできる人はいいけど、それが苦手な人はできないまま留年しちゃったりもする。レポートが出せないで卒業できない人もいる。まじめにやるかどうかは本人次第。そう、自己責任なんです」

高校に入ってからは、祝日で学校が休みだと寂しいと思っちゃうくらいになった。それだけ充実しているんだと、彼女はにっこり笑った。

今自分なりに取り組んでいるのは、自分が主催するイベントの企画・運営や、学校とは別に個人的にやっている英語学習。そしてPhotoshopの講習や起業の準備のためのワークショップなど、全部自分のやりたいことだ。

それにしても、彼女が取り組んでいることは初めてのことばかりで、知らない人たちと関わることが多いという。

新しい世界はちょっと怖かったりはしない？

「最初は怖かったです。中学まではそういう怖さを言い訳にして、今じゃなくてもいいか、って逃げていたことが多かったんですけど、高校に入ってからは、そういう気持ちがなくなった」

最近も、友だちから治安があまりよくなさそうなエリアのイベントに誘われ、最初はひるんだけれど、いざイベントが始まってみたら楽しいことばかりだったし、気づくことも多くて勉強にもなった。知らない世界はたくさんあって、今はその扉をどんどん開けていくことが楽しい。そこには高校の仲間の存在が大きく関係している。

友だちとはどういう付き合いをしてるの？

「友だちから『外のワークショップに応募したりイベントをやったり、行動力がすごいよね』と言われることがメッチャ増えた。『メッチャがんばってるね！　尊敬する！』と褒めてもらえる。肯定感が上がりまくる。周囲から足を引っ張られることはぜんぜんないし。むしろ、いろんなオススメを教えてもらったりして、刺激し合っていて、いい関係だと思う。貶めあう、けなしあうというのがないから、ここが大好き。あと、どっちかというといじめられた経験がある子とか、不登校になってた子、嫌なことがあった子がけっこう多いので、いじめもないです」

行動してない人でも、ダメだという烙印は決して押されることはないそうだ。お互いに励まし合って、応援し合える。髪の色をピンクにしても青色にしても何も言われない。ネットだとスタイルでけなされることもあるけど、この高校では太っていても痩せていてもその人が良ければ良い。自分が好きなものを恥ずかしがる人がいない。そんな雰囲気が高校の中にたくさんある。

先輩との関係とかもあるのかな?

「メッチャいろいろやっている先輩がいて、その人と今は特に仲がいいです。オーキャン(オープンキャンパス)で輝いている先輩を見て、いいなと思ったし、あの人と仲良くなりたいと思ってたから、今仲良くなれてありがたいです。中学では同学年だけしか友だちがいなかったから、先輩が卒業する寂しさも感じなかったけど、今の学校ではこれから三年生がいなくなっちゃうと思うと、切なくて仕方ないです」

話を聞いていると彼女は積極的なタイプに思えるけれど、中学までは女子の友だちしかいないし、外に積極的に出るタイプでもなかった。それが高校生になって、自分にあった環境の学校に入学してから、性別に関係なくいろいろな人たちと仲良くなれて友だちが増えた。しょっちゅう電話をする男子の友だちもいる。

壁をなくしたい

幼い頃から頻繁に入院を繰り返していたので、病院で会う友だちと、保育園で出会う健常者の友だちの両方と付き合ってきた。だが、健常者の友だちとは、自分に病気があることで関わりづらいことが多く、目に見えない壁を感じることが多かった。

どういうところに壁を感じた？

「小学校に入ってから特別支援学級というクラスがあることを知って、自分はそこに入ってたわけではないんですけど、病気があったので、他の人とは見えない壁があることを感じちゃった。中学に入ったら学校の授業とか、あとはネットでいろいろ勉強したことで、社会全体にジェンダーや年齢、価値観の違いでいろんな壁があることにどんどん気づくようになってきて、自分自身もなんだか生きづらいと思うようになりました」

今、自分で取り組んでいるイベントでは、その壁をテーマにしている。

どんなイベントをやっているの？

「壁のない社会を作りたいと思って。何かないかな、自分の周りからでも始めたいなと思って、中三の十月からイベントを始めました。最初はイベントなんてやり方もわからないし、誰が来るかもわからないから怖いし、一歩進むごとに迷ってました。でも、知り合いの大人にサポートしてもらいながら、運営とかファシリテーターを手伝ってもらって、何とかここまで続けてきた。実は今でもどうしたらいいかよくわかってないんですけど、来てくれた友だちやお客さんが楽しいと言ってくれるし、自分も楽しい。壁を作らないことを意識した環境で、いろんな話ができる。年齢や性別にかかわりなく、参加したみんなの学びになっているのが実感できて、やってよかったなと思ってます。これからも続けていきたい」

将来についてはまだ考えているところで、何も決まっていない。でも一つやりたいことがある。

どんな大人になりたい？

「最近思っているのは、海外を飛び回りながら生活したいなって。二カ月ごとにいろんな国に渡って住んでみたい。肌でいろいろな文化を触れて感じてみたい。国が違えば、医療も教育も文化も雰囲気もきっと違うと思うから。そこに身を置き生活をして、その国を知りたい。

そして日本を見つめ直したい。いろんな視点から物事を見ていたいです。だから定職に就くイメージが持てない。仕事って何をするんだろう、と思っている。大学もまだ決まっていないし、結婚もよくわかりません。でも子どもは欲しい。小さい子が好きだから。いい家族を作りたいです」

⦿追記

通信制高校というと、かつては不登校の子やいじめられた子など、通常の学校生活が送れずドロップアウトした子が通うものだという偏見があった。しかし、今ではそんなイメージもすっかり変わってきている。彼女のように学校のシステムに不信感を持ち、自分で考えて通信制高校を選択する子や、そもそも勉強したいことが学校に存在しておらず、普通の高校に行く選択肢を持てない子が増えている。彼らが通信制高校にどんどん流入することで大学進学率も毎年上昇傾向にあり、進路の多様性も相まって魅力的な選択肢の一つとなってきている。

また、話を聞いて驚いたのは、学校の中で目立ち過ぎてやっかみを受けることもなければ、何もしないことで非難されることもなく、お互いがお互いの個性をそのまま認め合い励まし合うという温かい人間関係が風土として育まれているということ。

普通の高校ではある範囲での偏差値で輪切りにされるため、比較的近いタイプの子どもたちが集まるので、中学のような有象無象のカオスは減るが、それでも出る杭は打たれる的な見えない壁は依然として存在している。勉強に対する自主性がなければ卒業できない通信制の高校は、厳しい面もあるが、自分で選択できる環境がそこにはあり、それが子どもたちの可能性をどれだけ伸ばしているか、ポジティブに評価できるところも大きい。

3

学外活動派女子

せっせとバイト、年上の友だちと推し活に邁進中——脇田咲桜《わきたさくら》

「学校の外」は昔から高校生たちの大きなテーマである。家庭と学校というある意味で不自由な、しかし守られた世界の外で、いろいろな人と出会い、広い世界の一端に触れる。中学生時代と違って、高校生になると格段に行動範囲が広がり、使えるお金も増えて自由度が上がる。そして、そうした経験は危うい領域への接点にもなるが、大人の世界への後押しにもなる。

脇田咲桜《さくら》は現在高校二年生の十七歳だ。生まれも育ちも横浜である。

両親と十四歳の弟、十歳の妹の五人家族で、仲は良くもなく悪くもない。家ではお母さんと咲桜と妹の部屋、お父さんと弟の部屋、男チーム女チームで分かれて寝ている。咲桜は女子部屋を自分の場所として使っている。

ご両親はどんな人？

「両親は古い人。自分とは考え方がぜんぜん違うから話が通じない。スマホも早い子は小学生で持ってたけど、ウチは中三まで持てなかった。両親とも高卒だから、私たち子どもも高卒でいいだろうという考え方をしてる。でも、今は高卒じゃまずいかなって思うから、私は専門学校に行こうと思ってるんですけど」

今彼女が考えているのは歯科系の専門学校だ。ネットで知り合った「推し友」の歯科衛生士さんがいて、その人から「国家資格は強いよ」と聞いたからだそうだ。

「もともとはホテルの専門学校に行こうと思っていたんだけど、実際にホテルに入る実習期間が半年もあって、その間はバイトもできないと言われたので、その選択はやめました」

咲桜にとってバイトは重要だ。バイト仲間との繋がりは大切なものだし、「推し活」にもお金がかかる。咲桜が大事にしたいその二つは、勉強と両立しない。親とよくぶつかるのはやはり勉強のことだ。

勉強しろって親に怒られるの？

「基本的には勉強しない私が悪い。学校に行って一、二限は出るけど三限目でイヤになって、バイト先に「人足りてますか？」って連絡して、足りてなかったら学校早退してバイトに行っちゃったりするから。あと地方の推しのライブに泊まりで出かけた時も怒られた。親とケンカするのはダルいので、今は遠征については日帰りで行けるところだけにしてる。このないだ大分と札幌のライブに遠征に行ったけど日帰りで、けっこう大変だった（笑）。でも、高校在学中はそれで耐える予定です」

通っている学校は家から少し離れていて、電車で一時間くらいの距離にある。夜はスマホで推しを見たり友だちとLINEをしたりで夜中の二時か三時くらいまで起きているから、基本的には毎日眠い。睡眠をとるのは学校になる。

中学までは、バレー部で本気で部活をやっていた。推し活で知り合ったネットの友だち以外にも、学校の部活の仲間たちとの付き合いもあった。でも今行っている高校は、週二日しか部活動がなかった。

物足りない？

「ガチでやらないなら、やらなくてもいいと思ったんで、高校では部活やらないことにしました」

通っている高校は単位制で、授業ごとにクラスメートが違う。同じクラスの友だちという深い関係ができにくいようだ。だから、学校で自分の存在がしっかり認識されているとは思えないそうだ。部活もないので、高校では無理をして同級生とつるむことをやめた。

バイト先の仲間

今、付き合いが濃いのはバイト先の人たちとネット経由で知り合った推し活の友だちだ。近所のファーストフード店でバイトを始めてもう一年半になる。

部活の代わりみたいな感じなのかな？

「とにかくバイトが一番楽しい。たしかにバイト先は部活みたいな感じですね。大体週六で入ってる（笑）。平日は一日四～五時間で、休日は七時間働いてる。バイト代が扶養控除の上限ギリギリまで働きます」

もうすでに一〇〇万円を越えてしまっているので、今月からは入る時間を減らさないといけないという。

「お店ごとに働いている雰囲気は違うんだけど、うちの店はすごくいい雰囲気。高校生も大学生もみんなガチで働いてる。大学生は年間で一三〇万円くらい稼いでる人もいて。たしかに部活の延長みたいな感じでやってますね」

ガチじゃない学校の部活よりも、バイト先でガチで働く方が楽しい。咲桜は怠けて学校をサボっているのではなく、ガチを求めて学校の外に出る。

バイトを通して変わったことはある？

「バイトするようになって、自分から自主的にいろんなことをやるようになったかな。大人になったと思う。自分で仕事をして、稼いだお金の使い道を自分で決められて、自分でその管理ができる人が大人だと思う。でも自分は管理がまだできてなくて（笑）、使っちゃうんですけど」

使い道の大半は、「浦島坂田船」というユニットの推し活である。

どんなところが好きなの？

「三十代前半の男性四人組なんですけど、箱推し（グループ全体を推すこと）でもあるし、特定の一人推しでもある、くらいの感じで好きです。彼らは三十過ぎなんですが、その年齢になってもみんなが仲良しなのが好き。彼らがみんなでいる時の雰囲気が好きだし、憧れる。一方的に追いかけていたい感じですね」

お金の使い道でいうと、バイトで稼ぐ月十万円ほどの中から、携帯代が五千円、定期代のうち三千円を自分で出している。

けっこう自分で出すね？

「学校の教科書や教材以外は、ほとんど自分の稼いだお金から出してますよ。どうしても必要なものを除いて、あとの残りは全部推し活につぎ込んでます。こないだ沖縄でライブがあった時なんか、交通費が五万五千円かかった。遠征すると交通費が大きくて（笑）。あとはグッズ代とか、YouTubeの投げ銭とか。高校は制服がないので毎日私服なんですけど、だいたい推しのライブで買ったTシャツを着てます。よく見なければバレない（笑）」

ちなみに推し活の世界では、親のお金でグッズを買う人は評価が低く、敬遠されるらしい。自分のお金を使ってこその推し活なのだそうだ。咲桜も自分で稼いでいない中学生の時は、推し友の間でも年齢を言わないようにしていたらしい。でも、今は自分で稼いで、推しのためにお金を使っている。

友だちとの付き合い

友だちってどんな存在？

「私はけっこう一人でも大丈夫なんですけど、でも必要な時にはいてほしい。タクシーに乗る時とか人数がいると都合がいいことがあるから。でも学校にいる時は、けっこう一人です」

ネットで知り合った推し友とは中一の頃から仲良くしているという。

ネット経由の友だちはけっこういる？

「そんなに多くないですけど、残ってますね。ネットはすぐ関係が切れるのがラクなんですよ。なんかちょっと違うなと思ったら、連絡しなければいいから。付き合う人を選べるって、めんどくさくなくていい」

仲良くなるきっかけはいろいろだ。参戦するライブがいっしょだったり、SNSで気が合ったり、コメントをしてやりとりを重ねて仲良くなることもある。年上の友だちとは、推しのこと以外にも進路や職場の事も話せる。歯科衛生士のことを教えてもらったのも、そういう友だちだ。

年上の友だちが多い？

「私、年下がけっこう苦手なんですよ。友だちになるのはタメ（同級生）か年上ばっかりです。沖縄のライブに行ったときは、友だちが車を運転してくれて、みんなでご飯を食べに行った。そういうのが楽しい」

現在、Twitterの鍵アカウントで繋がっている友だちは七十人くらいいる。そのうち十人くらいが仲良しと言える友だちで、さらにその中の数人がバイト先に遊びに来てくれたり、一緒にご飯食べに行ったりする最も仲良しの友だちだ。

修学旅行に行ったとき、学校の友だちのようなそれほど仲が良くない人と旅行に行くことに自分は向いてないことがわかったという。

修学旅行はつまんなかった？

「行かなきゃよかった（笑）。協調性のないグループで、朝の五時から爆音で音楽かけて化粧する子とか、早く寝ちゃう子とか、逆にすごい深夜まで起きてる子がいたりして、ほんとイヤだったな。自由行動の時間があったんだけど、駅から遠いところだったから、私は割り勘でタクシーに乗ろうよって提案したけど、みんなは抵抗があったみたいで、結局スーツケースを引きずってたくさん歩いた。金銭感覚が違う人といっしょに過ごすと疲れる。ネットの友だちとはそのへんがだいたい一緒だからスムーズだし、生活のペースも同じ人を選んで付き合えるからラク」

バイトや推し活で学外活動をたくさんしていると、学校の同級生とはいろいろなズレが生じてくる。学外の咲桜の姿を、同級生たちは知ることはないのだろう。

SNSはどんな使い方をしてる?

「Twitter のアカウントは十個くらいかな。グッズ交換用のアカ、推し情報のアカ、「浦島坂田船」の四人それぞれにリプライする用のアカ。あとは推し以外の興味あること関連アカ。アカウントを分けるは自衛のため。めんどくさいことが起こらないように分けてる。

Instagram は主に学校の友だちとのリアルな繋がりに使っていて、DMでのやりとりがほとんど。投稿はほぼしないです。LINE は仲良くなった友だちとのやりとりで使っていて、本名で付き合う人ですね。TikTok は推しにコメントするために使ってる。不特定多数に好かれたいとはぜんぜん思っていないので、基本的には自分を必要以上にさらさないです」

恋愛や結婚については？

「いまは恋人いないですけど、中学の時いたことはある。欲しいとは思うけど、実際はたぶんいらない（笑）。彼氏ができたらできたで、生活変わっちゃう。恋人ができたら、推しか彼氏かどっちかになると思う。恋人を選んだら、推しのライブで全国に行ったりしなくなる。お金も推しじゃなくて、美容とか服とか、遊びに行ったりすることに使うことになる気がする」

とはいえ、今は推しが彼女にとって生きるモチベーションだ。結婚はあまり考えていない。

「結婚するっていうビジョンはあんまり見えない。小さい子どもがあんまり好きじゃないのと、母親になる自分が想像できない。コミュニケーションの取れない人間は疲れるから。赤ちゃんは完全に話ができないから大丈夫なんですけどね」

最近嬉しかったのは、バイトの先輩に言われた言葉だ。

ファーストフード店のバイトには前金制度があり、月の稼ぎの半分を前借できる。ただし、そのたびに手数料が五百円引かれる。推しのライブのためにお金が必要で、前金制度を使うことが多かったとき、バイトの先輩に「マジでやめろ」と言われたそうだ。

「そんなに困ってるなら、ご飯代ぐらい出すって言われて。あと、絶対にクレジットカードも持つなとも言われた。そんなこと本気で言ってくれる人もあんまりいないから、嬉しかった」

二〇二二年の十月から最低賃金が引き上げになり、時給が五十円上がった。だが、彼女には思うところがある。

「バイトしていて思うのは、最低賃金を引き上げるより扶養控除限度枠を引き上げてほしいということ。大学生の中には、自分で学費を負担している人もいる。日本経済のかなりがアルバイトによって成り立っているんだから、控除枠も上げてみんながもっと働きやすいようにしてほしい」

⦿追記

学校でも家庭でもない第三の場所が必要、とは最近の子どもをめぐる環境についてよく言われることだが、彼女の場合はバイトと推し活である。学校外で自分より年上の友だちとの付き合いが多いため、同級生とはあまり馴染めないし、馴染まない。扶養控除枠という制度への提案など、冷静でまっとうな考えを持っている彼女が一番コミットしているのが推し活だというのも興味深い。推し活という現代の消費の先端にいることで、大人の友だちやバイトなど学校の外の社会を、早いうちから自分の中に内包しているのかもしれない。

4

生来のリーダー気質

リーダーは面白い！　勉強そっちのけで部活の日々

―加藤知恵《かとうちえ》

部活は高校生にとって大きなイシューの一つである。部活が高校を選択するときの大きな要素になっている子も多いし、部活の推薦で入学する者もいる。昨今、生徒や指導する人たちの負担などで部活の是非が問われることも増えているが、勉強とは異なることを学ぶ機会として、部活はまだまだ大きな可能性を有している。

加藤知恵は二〇〇四年四月生まれ。北関東で、公務員の父とパートの母とともに三人で暮らしている。一人っ子。

スッとした雰囲気で落ち着いた感じ。サラサラのロングヘアでメイクもきちんとしていて、大学生と言われても違和感がない。

人の上に立つのが好きだったけれど

知恵の中学・高校で生活の中心は部活動だ。中学校で部活を決める際、水泳部にするかどうかと迷っていたが、吹奏楽部に仮入部した際に、楽器から音が出たことを先輩に褒められて嬉しくなったのがきっかけだ。

部活は自分にとって大きい？

「大きいですね。中学の部活で自分が一番成長したなって思う。同じ小学校から吹奏楽部に入った子がいたんですけど、一回も同じクラスになったことなかったけど、前からけっこうヤバいタイプだって噂があって。たしかにいろいろ言いたい放題で、思ったことはすぐ口に出るタイプだった。よくぶつかってケンカしたりしてたんですけど、そういう時に中に入ってくれる先輩が何人かいて。暑苦しいですけどね（笑）。「ミーティング開いたらいいんじゃない？」とか、何か問題があったときに、すごく親身になって相談に乗ってくれたりしたんです。そういうことをやってたら、たしかにめんどくさいタイプではあるんだけど、悪気はないんだなってことがわかってきた。純粋で無邪気な性格なんだって理解できるようになってきて。それでも彼女の言葉を流せるようになるまで、一年くらいずっとバチバチやってたけど（笑）。あれがあって私も彼女もお互いに成長した気がする。人の違いを受け入れられるようになったと思います」

小学校の頃から、知恵は学級委員や生徒会などに前向きに関わってきた。正義感が強いタイプかもしれない、と自分でも思っている。

リーダータイプ？

「小さな頃からリーダーになるのがけっこう好きでしたね。誰かがリーダーやってるときでも「私ならこうやれるのに」とか、いろいろ考え始めて自分がやりたくなっちゃう。遊びでもそうで、だいたい自分のやりたいことに全力投球してたと思います」

ハキハキと語る様子にも、リーダーらしさが滲む。さぞかし友だちからも頼りにされていたのだろうと聞くと、中三の時に起きたある事件で考え方が変わったという。

「中三でクラス委員をやったときに、遠足の班決めを仕切ってたんです。男子もそうだけど、特に女子って誰と同じ班になるかが重要で、そのときはクラスの主流グループだった女子たちの思い通りの班にならなかった。班決めを進めている学級会のときには気づかなかったんだけど、放課後にその子たちのグループが私が仕切り過ぎだって悪口を盛大に言ってるのを耳にしちゃって」

彼女はパニックになって泣いてしまった。何が原因なんだろうかと、グチャグチャ考えた。実はこのとき、部活が大会前で忙しい時だった。後輩の指導やミーティングも重なっていて、時間的にいっぱいいっぱいだったので、遠足の班決めも焦って進めていた。学級会の時間内でぜんぶ決めてしまいたくて、それが主流派女子たちの不満を呼んでしまったことに気がついた。

「何でもかんでも、私がもっとうまくやれるから、って突っ走ってリーダーをやると、コントロールできないこともあるんだなと思った。だから高校では身を引くことも覚えましたね（笑）」

ともあれ、そんな経験も経て、吹奏楽部中心の高校生活は穏やかでとても楽しいという。

吹部が私の青春全部！

彼女の高校は吹奏楽の強豪校だ。厳しいが、そのぶん達成感がある。

部活はどのくらい忙しいの？

「完全に休める日は月に二、三回しかないですね。一日しかないときもあるし。毎日の部活は午後六時～七時までだけど、大会前日は八時まで延長する。演奏会の前はホールを貸し切って練習するので、家に着くのが夜の十一時～十二時くらいになることもあります。そういう日は次の日に学校行くのがホントに大変。授業中にウトウトすることもよくありますね（笑）。家で勉強する時間はないから授業中に完結させたいんですけど、睡魔には勝てない。ブラック企業みたいだね、って部の友だちとよく笑い話にしています」

知恵の通う高校は学校行事が充実していて、体育祭や学園祭は大いに盛り上がる。学園祭では県内トップレベルである吹奏楽部の出演も目玉の一つになっている。そのため、準備も忙しい。

「クラスの出し物の役割を決めるときも、『吹部の人は無理だよねー、わかってるよー』って受け入れられてる。それでも三年生になったら、ちょっとだけクラスの出し物に関われました。今はコロナだから料理はできないんだけど、三年生だけは屋台ができるんで、外から買ったフランクフルトの店をみんなでやった。私も売り子をやって、初めて普通の学園祭ができて楽しかったです」

彼女にとって、今は高校の部活が終わってしまうのがことのほか寂しい。

それだけのめり込んでたら、やっぱり卒部は寂しい？

「卒業より卒部の方が泣いちゃいますね。三月下旬の定期演奏会が最後。卒部は考えただけでも涙が滲んでくる。家や教室より部室にいる時間の方がぜんぜん長い。あの部屋にもう行けないのかと思うともうダメ（笑）」

自分に足りないものがわかった！

高校に入って自分とは違う人たちや先輩たちと会って、世界が広がったことも彼女にとって大きかった。

学校の友だちや先輩で尊敬してる人はいる？

「部活の先輩！　中学までは自分のことをリーダータイプだって思ってたけど、高校に入ったら私よりもっとすごい人が現れた。一番憧れた人は、部長をやってた先輩。中学のとき全国大会に行ってる人で、部長としてほんとうに尊敬できた。周りの状況をほんとうによく見ていて。例えば、あるパートがちょっと遅れてた時に、あえて全体の練習を入れてそのパートの子たちの背中をみんなで押してあげるようなことができたり、ちょっと部活の空気が緩くなってるときは、『身の回りを整えるところから、緩んでた挨拶や整理整頓をちゃんとやろう』とか、私たちの今の状況を正確に把握して、その先に向かうような指示とか指導をしてくれる。あれはほんとうにすごいなと思って、こういう人がリーダーになるんだって思いました。中学までは、一番頼りになるのは自分だってけっこう自惚れてたけど、それが完全になくなった。この人についていってもいいんだ、って思える人に出会えたのはいい経験になった」

高校の三年間は毎年大会に出場したが、三年生のときの演奏が自分の中でやり切ったものになったという。

いい演奏ができた?

「そうですね。一年生のときにすごい先輩といっしょにできて、自惚れとかは無くなったんですけど、やっぱり根っからのリーダーやりたい気質というか、三年になると後輩たちを引っ張っていかないといけないっていうのもあって、指導とかもするようになって。そのとき、前より確実に周りがよく見えるようになったって実感があった。自分が指導することでみんなの技術が上がって、それが自分の達成感にもなり、結果的に賞ももらえた。誰かの後ろをついていくだけより、やっぱり自分が引っ張っていく立場の方がぜんぜんいいなって。自分の精神のバランスも保ちつつ、うまくやれるようになって、リーダーの面白さをまた思い出しました」

高校生になって自分が変わったところは、リーダーとして物事の先を考えるようになったことだ。

中学の頃はできてなかった？

「何か発言する前に一呼吸おいて考えるようなことは、昔はできなかった。思ったことを全部口に出していたから。言えなくてちょっとストレスを感じることもあるけど、周りの人と関わっていく上で大事かなと思ったりして、それができるようになった。そうやって人との関わり方を変えていったら、コミュニティというか、人との繋がりが広がってきて。クラスの友だちとか部活の仲間だけじゃなくて、先輩とか目上の人と話す機会が増えて、それが自分の性格にも影響してる気がします」

家のこと、家族のこと

家族はとても仲が良い。いっしょにいる空間は心地よく落ち着く。リビングの真ん中でソファに座って、家族が近くにいる時が一番リラックスできる時間だ。

ご両親はどういう人？

「お父さんはすごく優しい。小さいときは怒らせたらメッチャ怖かったけど、今は厳しい時は厳しく言ってくれて、メリハリがついているところが気持ちいいと感じる。勉強のことはあんまり言われなくて、生活態度とかをすごく言ってくれる。お母さんとは趣味も近いし、周りからは姉妹っぽいねと言われる。二人で（ジャニーズアイドルの）SixTONESにハマって、動画もいっしょに見たりしてる。母に布教したおかげで、グッズ買うのも資金援助してもらえて助かってます（笑）」

今一番やりたいことは？

「バイト！　単純にお金が欲しいっていうのもあるし、あと知らない人だったり大人といっしょに何かやる、新しい世界で楽しそうだなと思って、やりたいです。他には趣味のイラスト描くのも、もうちょっとやっていきたい。お金貯めてタブレットを自分で持てたらなって、それも楽しみです」

筆箱の中身

彼女は、可愛いものよりも実用性を重視している。使いやすければＯＫという考え方だ。

いっぱい入ってるね

「中身も真っ白にそろえているオシャレな子もいるけど、自分は使いやすいものをゴチャゴチャ入れているだけです。筆記用具だと、クルトガがすごい好きです。いつまでも尖り続けてて書けるのが気持ちいい。小学校からずっと使っていて、それ以外だとしっくりこないですね」

⦿追記

現在、部活の週二休を推進するように文科省から発信はされているが、大会で勝つために厳しい練習を続けている学校はやはり数多い。特に吹奏楽部は、今回の強豪校の例とまではいかずとも、全国的にハードな練習がいまだに定番だ。もちろん、今回の取材者のように、つらさを乗り越えてその先の果実を手に入れられる高校生も多くいるだろうし、そこでの成長は他に変えられるものではなく、意義のあることだと思う。加藤さんの場合も高校生になってからの精神的な成長が著しく、その変化は感動的なものだ。

と同時に、ハードな練習についていけない場合の逃げ道が、おそらく退部すること以外になさそうなことが少々気になった。やりたいことなのについていけず、退部せざるをえない、そんな経験をした高校生に今度は話を聞いてみたいと感じた。

5

メタJK

ネット高校で広がった世界——末次佑子《すえつぐゆうこ》

文科省の令和三年の調査によれば、小中学校の長期欠席者のうち不登校児童の数は九年連続で増加し、過去最高の二十四万五千人。現在の学校のシステムと子どもたちの求めるものがズレてきている。そうした公の教育から外れた子たちには、どんな選択肢があるのだろう。家に引きこもってしまう子もいれば、トー横キッズのように都市の繁華街に家出してしまう子もいるが、最近注目されているのがオンラインの高校だ。

二〇〇四年六月生まれの祐子は転校をしている。前の学校には高二まで在籍していたが、メンタル的にきつくなって行けなくなった。住んでいるのが山陰の田舎でもあったので、通信制高校の資料をいろいろなところから取り寄せて、今の学校に決めた。

前の地元の学校は合わなかった?

「最初はよかったんですけど、ちょっと頑張りすぎたかも。中学の頃からやっていた水泳部に入ってそれなりに楽しくやってたし、部活の後は週に六日塾に行って毎日勉強してたら、高一の六月くらいになにかがプッツリ切れたみたいになっちゃって」

中学の時も水泳部で部長を一生懸命やっていた。部長ではあったけれど、部員をまとめて引っ張るというよりも、個性の強い子たちと先生の間を取り持つような動きに徹していたという。

部活ではどんな役割で動いてたの？

「職員室と部室を行ったり来たりして、まとめるというよりは間をつなげるような努力をしてました。疲れることも多かったですけど、部長になったことは自分でも何か役に立っているのかなという実感もあった。地元から少し離れた高校に推薦入試で受験をしたんですが、それが落ちちゃって。同じ高校を推薦で受験する子が他にも二人いて、生徒会とか部活でも活躍している子だったから、これは落ちるかもなって思ったんですけど」

そこから別の高校の一般入試まで二週間もなかったが、追い込みの勉強の効果もあったのか、無事合格。しかもトップ合格だった。

トップとはすごいね

「入学前に、学校から自分の点数を教えてもらったんです。周りの人たちも点数を教えてもらっていて、五〇〇点満点中二〇〇点だとか言っていたから、私もそれくらいかなと思ったら、抜群に良くてトップだった。これって、友だちには見せられないなと。だけどそのときは、そのまま一番で頑張りたいと思ってしまって。で、一生懸命勉強していたら、プツッときちゃった」

七月になって学校まで車で送ってもらったとき、車内でかかっていたエリック・クラプトンの『Tears In Heaven』を聴いていて、「たまにはこんな曲を一日中聴いてゆっくりしたいよね」と母に話しかけられた途端、涙がポロポロと出てきて止まらなくなった。

そのときから、学校にほとんど行けなくなった。

「部活は好きだったから、学校は辞めたくなかった。教室は入りにくいなと思ったけど、授業が終われば部活があるし、部活の友だちは話しやすかったから、たまに行ったり、休んだり。」

先生は相談に乗ってくれたりはしなかったの？

「担任と相性があんまり良くなかった。野球部の顧問で、オラオラ系。声が大きいし方言も強くて、とにかく圧が強い人。三年間クラス替えもないので、ずっとこの人とやっていくのかと思ったら心が折れてきて。授業もオンラインでできないか聞いてみたりしたんだけど、『他の生徒に示しがつかない』と断られた。卒業に必要な単位の計算をして、ギリギリ出なくちゃいけない授業を計算して、それ以外は保健室か図書館で休むことにし、学校の中をグルグルしてました。肩身も狭いし苦しいし、つらかった」

そして、だんだん彼女のメンタルは不安定になっていった。いわゆる躁うつ状態であるが、躁状態になったときには怒りの矛先がどんどん変わっていく。

いろんな人に対してあたっちゃう感じだったんだ?

「最初は担任に怒ってたけど、次はクラスの友だちがカンにさわるようになった。いろんなことに引っかかったまま、どんどんため込んじゃう。それを家でお母さんに全部吐き出してた。周りはずいぶん迷惑だったと思う。それで、心療内科にも通うようになり、毎日たくさん薬を飲んでました」

環境はまったく変わらなかったけれど、慣れもあったのか高二になると少し症状は安定してきた。授業も部活も普通にできるようになってきた。このまま調子よく卒業できるかも、と期待もしていた。

「でも、夏休み前の補習の授業で引っかかっちゃった。なんでこんなに補習が多いんだ。なんでこんなに苦しまなくちゃいけないんだ。頑張る意味なんてどこにあるんだろうって思ってしまった」

それから学校にまた行けなくなった。お母さんからも「もう行くな」と言われた。義務教育は終わっているし、生きる道はいろいろある、と説得された。毎日浴びるように薬を飲んで、制服に袖を通しただけでヒックヒックと肩を震わせてえずく娘の姿を見て、もう行かせられないと思ったようだ。

それから通信制の高校の資料を取り寄せて、転校を検討した。ウェブサイトを見てオンラインの説明会に参加してみると、しっくりくる学校が一つあった。

「他の通信制の学校は基本的には授業だけで、国語とか数学のお勉強を通信でやるという感じだったけど、そこはクリエイターとか政治家とか、外部の人のオンラインの講演会があったり、イベントも充実してた。住んでいるところがすごい田舎なので、なかなか体験できないことも、この学校ならできるなってワクワクしました」

ネットに強い学校で安心感もあった。オンラインで全国の子たちと繋がりやすいコミュニティがあることも魅力的に思えた。

決め手みたいなものはあったの?

「説明会では在校生の人から詳しいことも聞けて、学校に行けなくなった子たちや、自分のやりたいことを優先するためにここを選んで来る子たちも多いという話をしていた。それはすごい安心できたし、希望みたいなのを感じました」

水泳部の部活動ができなくなるのは名残おしかったが、高校で部活をやらなくても、大人になってからでも泳げるじゃないかと気がついた。普通高校への未練が完全になくなって、彼女は新しい学校に移った。

好きな場所はどこ?

「本が置いてあるところが好き。読書は小さい頃から好きだったたし、授業が受けられない時によく図書館にいたっていうのもある。一番落ち着く場所。小説、漫画、絵本、なんでも読みます。特に上橋菜穂子さんの『守り人シリーズ』が大好きです。面白そうだなと思うと全部読んじゃいますね。ミステリーも好きだし、漫画だと最近は『マスター・キートン』を読み始めました。あとはZoomで英語教室に通っているんですが、この前まで先生といっしょに読んでいた『Warriors』が大好きです。エリン・ハンターという人のファンタジー小説で、猫の世界の大河ドラマみたいなのを原文で読んでます。日本語版を読んでから英語版を読み始めた」
あとは親がいろんな音楽を聞くので、基本的に音楽はなんでも好きだという。

お気に入りのガラスペン

親からもらうお小遣いは一カ月に五千円。コスメやメイク道具に使うことが多い。自分の部屋の花瓶や雑貨、あとは文房具が好きだという。

こだわりのあるモノってある？

「インクが好き。言葉のイメージにあった色になっているインクのセットがあって、たとえば、『ジンベイザメ』は青い色とか、『斑鳩』は黒っぽい緑とか、『冬将軍』だったら青みがかった灰色とか。言葉遊びみたいで大好き。インクはガラスペンに入れてます」

きっかけは、一冊の本。学校を休みがちになった頃、家でスマホやテレビ見ているだけっていうのはつまらない。せっかく家にいるんだから、家でできることを増やしたいと思い、本を読んでいた。その一冊が文房具にまつわる『つばき文具店』という本だった。心療内科

愛用のガラスペン

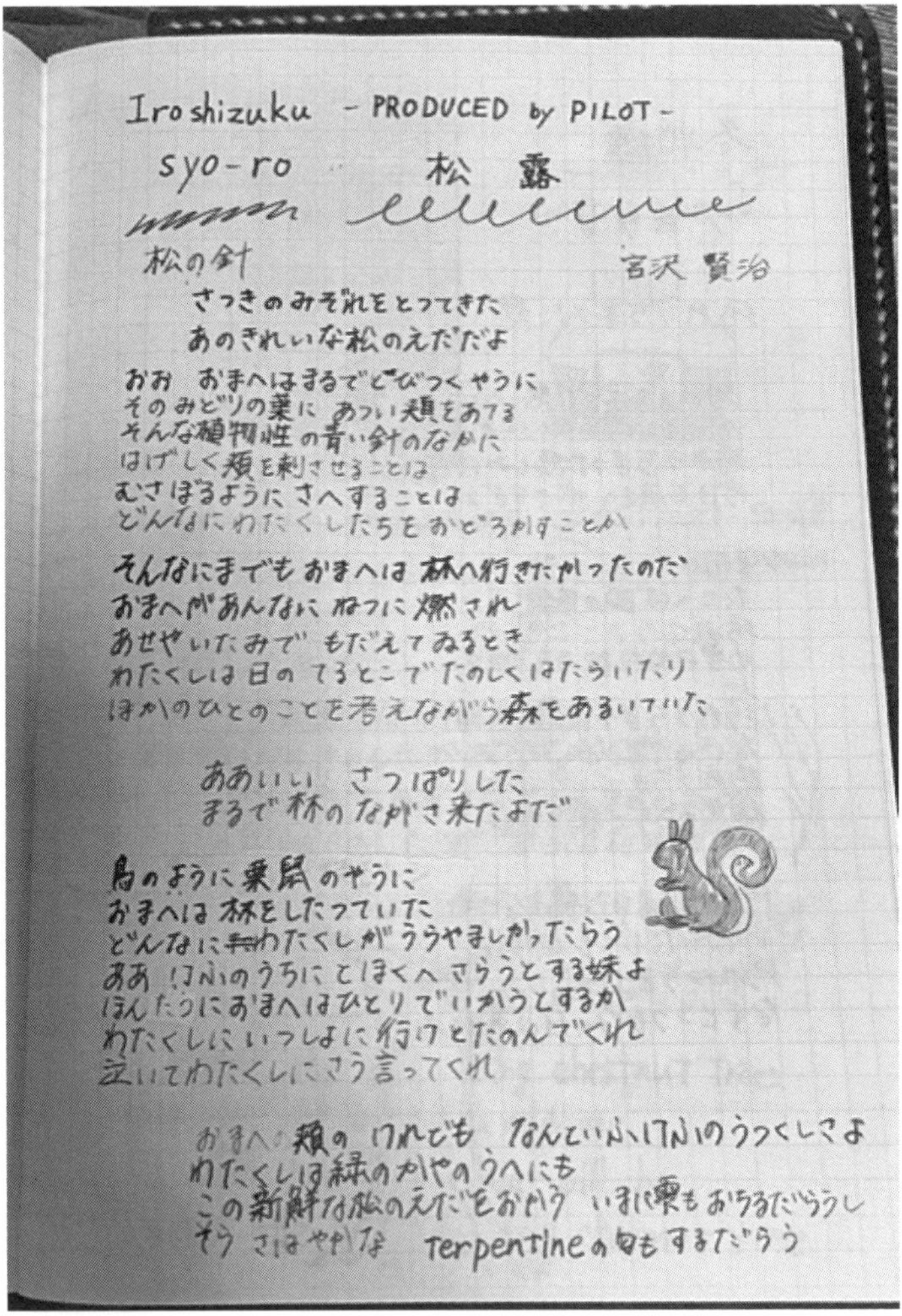
Iro shizuku - PRODUCED by PILOT -

syo-ro 松露

松の針 宮沢賢治

さつきのみぞれをとつてきた
あのきれいな松のえだだよ

おお おまへはまるでとびつくやうに
そのみどりの葉に あつい頬をあてる
そんな植物性の青い針のなかに
はげしく頬を刺させることは
むさぼるやうに さへすることは
どんなにわたくしたちをおどろかすことか

そんなにまでもおまへは林へ行きたかつたのだ
おまへがあんなに ねつに燃され
あせやいたみで もだえてゐるとき
わたくしは日の てるとこでたのしくはたらいたり
ほかのひとのことを考へながら森をあるいていた

ああいい さつぱりした
まるで林のながさ来たよだ

鳥のように栗鼠のやうに
おまへは林をしたつていた
どんなに~~わ~~わたくしがうらやましかつたらう
ああ けふのうちにとほくへさらうとする妹よ
ほんたうにおまへはひとりでいかうとするか
わたくしにいつしよに行けとたのんでくれ
泣いてわたくしにさう言つてくれ

おまへの頬の けれども なんといふけふのうつくしさよ
わたくしは緑のかやのうへにも
この新鮮な松のえだをおかう いまに雫もおちるだらうし
そら さはやかな terpentineの匂もするだらう

宮沢賢治の詩

の先生におすすめされた本で、そこにガラスペンの話が出ていた。

「もともとこういうのには興味を持っていたから、英検2級に受かったお祝いでガラスペンを買ってもらった。インクを入れたガラスペンで、色のイメージと合うかなっていう詩を選んで書き写したりしてます。中原中也や宮沢賢治が好き」

⦿追記

不登校になった子、特に地方であまり多くの選択肢がない子たちにとって、オンラインの高校は居心地の良い場所になっていることが多いようだ。「田舎では経験できないこと」が経験できるし、何よりも自分と似た境遇の高校生たちの存在が心強い。頑張っている先輩の姿や応援してくれる先生は大きな刺激にもなり、心の安定に繋がっている。オンラインという適度な距離感がもたらす安心感もあるのかもしれない。

6

青春謳歌系女子

小さなことにも幸せを感じる日々

――長谷川晶《はせがわあきら》

高校生の青春といえば部活、という時代はもうとっくに終わったのかと思っていたが、意外にも部活はまだまだ熱い。最近はサッカー部よりも人気があるという野球部（次点はバスケ部だそうだ）には、甲子園という大舞台があって老若男女が熱い視線を送っている。では文化系はというと、吹奏楽部は根強いが、英語部も堅実な人気があるようだ。吹奏楽部もそうだが、文化系にもかかわらずとにかく熱い。バトル要素が満載で、大会も盛り上がる。これならティーンたちが夢中になるのも頷ける。

長谷川晶《あきら》は高校二年生。東北の中くらいの大きさの街に住んでいる。通っている学校は、自宅から自転車で三十分くらいの距離にある女子校だ。

女子校は楽しい？

「楽しい！　中学の時から、行くならぜったい女子校だと思ってました」

なんで？　男子嫌いなの？

「ん〜、嫌いというわけじゃないけど、居ない方がラク。素が出せる。みんなも素で毎日やってるから、それが楽しいんだと思う」

三十五人くらいのクラスは、体育祭や学園祭のときに発揮されるような団結力はあるけれど、ふだんはゆるい。中心になって仕切るような子も、それほど強くない。

「中心やってくるのはだいたいいつも同じ子で、助かってます（笑）。ほんとうにやる人が居ない時はやることもあるけど、自分からはあまりいかないです」

自分では、性格的にちょっと暗いと思っている。あまり前にも出たくないし、素が出せるといっても、まだほんとうの素は出せていないのだそうだ。でも部活は英語部。人前で話すのは苦手ではないのだろうか。

どうして英語部？

「中学のときも英語部だったんです。暗い性格をちょっとでも直したくて（笑）。でも、なかなか直らない」

コロナは部活にもけっこう影響あった？

「メチャクチャありました。行ってた中学は先生がすごいよくて、私たちも楽しくてガチでやってて。それでスピーチの全国大会の出場が決まってたんですけど、コロナの緊急事態宣言が出て、大会が中止になっちゃって。あれは悲し過ぎましたね。みんなで一週間くらい泣いてました。暗かった（笑）。部活の最後の時期に、動画を送る形式のコンテストがあって、みんな心残りだったたから送ろう！　ってなって。結果的に優秀賞をもらえたので、それは嬉しかったですね」

高校野球の甲子園も中止になったが、コロナで部活が制限され、大会がなくなった経験をした子たちがこの世代には多い。

晶は、高校でも英語部に入った。近年、高校の英語関連の部活は人気が高い。社会に出たときに役に立つということももちろんあるのだろう。今はオンラインでの交流も簡単だし、英語教材はインターネットに無尽蔵にある。

どんな活動をしてるの？

「英語でクイズやったり、映画を見ながら表現の勉強をしたり。遊んでるみたいで楽しいですよ。今はZoomもあるから海外の人たちとも直接話せるので、フィリピンやマレーシア、台湾、アメリカ、いろいろな高校の子たちとおしゃべりしてます。まだそんなにしゃべれないですけど、慣れるのも大事かなと思って」

いろいろな大会があるが、ディベートの大会はかなり熱く盛り上がる。開催の三カ月前に主催者からテーマが出される。昨年のテーマは「定年制はあった方がいいか、ない方がいいか」というものだった。肯定側のチームなら、定時制の良いところをリサーチして、英語でしゃべれるように準備しておく。否定側はその逆だ。他校との練習試合もある。

「リサーチにけっこう時間がかかって二カ月も使っちゃって、一カ月で練習したり試合したりして忙しかった」

週に四回の部活は、大会シーズンになるとほぼ毎日になる。大会に出るメンバーは一カ月前に決定する。肯定側、否定側で各六人。二年生に加え、一年生からも選抜される。一年だった彼女も、選抜メンバーに入ることができた。肯定側のチームだった。

大会当日、肯定側・否定側のどちらになるかが試合直前に決められる。

「最初の試合は肯定側。私は、最初に肯定側の立論を読んでちょっとした質問に答える、コンストラクティブ・スピーカーというポジションでした。練習試合よりもみんなレベルアップしてるので、否定側の質問も厳しかった。ぜんぜん用意してないところからの質問もあって苦労しました」

英語の部活動というと文化系のゆったりとしたものを想像していたが、体育会系顔負けのバトルが繰り広げられるのだ。

「最後の優勝戦まではいけませんでした。でも来年またがんばる。英語部って、のんびり英会話やってるゆるい部って見られがちなんですけど、大会はホント熱いです。部活やってるって感じですね（笑）」

父母と姉の四人家族。姉は大学に入って上京したので、今は両親と三人で暮らしている。お父さんは、お姉ちゃんがいなくなって寂しがっているようだ。

家族は仲はいい？　ご両親はどんな方なんだろう？

「そうですね。仲はいいと思います。お父さんは頭がいいというか、叱るときもどうして私が叱られているか、納得できるような叱り方をしてくれます。お母さんの怒り方はちょっと感情的かな。心配性で、私一人でもできるよ、っていうことをいろいろやってくれちゃってる感じ。風邪引くからカイロ持っていきなさいとか、もう一枚着ていったらとか、ぜんぜん必要ないのになって思ってるけど、言わないようにしてます（笑）」

お姉ちゃんも居なくなったので、お母さんがよく喋っている以外、家は静かだという。

家にいるとき、どこにいる時間が多い？

「自分の部屋ですね。いちばん落ち着く。家族はもちろん好きだし、友だちといるのも楽しいけど、一人でいるのがいちばん好き。自分の部屋で油断してる時間がいちばん楽しいです」

女子校は素が出しやすいけれど、実はほんとうの素は出せていないと言っていたが、最も落ち着く自分の部屋が、彼女にとって素で居られる安らぎの場所なのかもしれない。

「小学校の頃は外で遊んでいたし、お姉ちゃんもいたから部屋が好きだとは思っていなかったけど、中学に入ってから自分の部屋をもらって。それからですかね。でも、学校もやっぱりラクですよ。中学校のときは、男子もいるから着替えの時間とかぜんぜんなかったけど、今は女子だけだからゆっくり時間とれるし。あんまり人の目を気にしないでいられるし」

お金の使いみち、お気に入りのモノ

お小遣いは五千円。スキンケアの買いものと、あとは推し活。令和のJKらしく、やっぱり推しはBTSだ。

BTSは誰推し？

「シュガ。身長が一七四センチで、他のメンバーは一八〇センチ以上だから小さい。そこが好き。最初は見た目で好きになって、だんだん中身も好きになった」

最初はそうでもなかったのに、友だちからいろいろ聞かされていくうちに、だんだんあれこれ調べだしている自分がいて、結局ハマってしまったそうだ。一番のお気に入りはシュガのソロアルバム『Agust D』で、暗いところが好きなのだそうだ。

どういう暗さなの？

「歌詞が暗いです（笑）。あんな活躍していてキラキラに見えるけど、実はそれだけじゃない、やっぱりシュガも人間なんだなっていう歌詞で。シュガはいろいろ辛い人生を送ってきた人なんですよ。家族には音楽の道に進むことを反対されていたし。でも、勝手に一人で上京してオーディションを受けて、それでようやく今の世界に入ってるんです。それからうつ病になっちゃったり、対人恐怖症にもなったりして。それでも一人で頑張っていたら、今度は車に轢かれちゃった。それで肩に怪我をしてるのに、バレたら事務所からクビにされちゃうと思って、我慢して黙って仕事をしてたとか。あと、友だちが犯罪しちゃって刑務所に入ってしまったとか、暗いエピソードがすごく多い。そういう人が書く歌詞はいいんですよ。最初は、そういう暗い部分をぜんぜん知らなかったから、びっくりしちゃった」

こだわりのあるモノ、他に何かある？

「スマホとお財布かなあ。それだけあったらなんとか生きていけると思います。その二つは絶対。ほかは別になくてもいいんだけど、心配性のお母さんにカイロとか上着とかを詰め込まれるので荷物が多くなるのがちょっとイヤです（笑）」

仕事とか、結婚とか、将来のイメージはある？

「外国に行きたいなっていうくらいで、あんまりないんですよね。どうしてかわからないけど、未来思考ができない（笑）。これといった夢もなくて、まあ、人の役に立てたらいいな、というザックリとしたことしか考えてないです。あと、韓国には行きたい！　それと、結婚はしてみたいです。両親を見ていると、喧嘩もしてるけど、やっぱり仲がいいんだなって思う」

好きな人とか、恋の話は？

「女子校なんで、そういう話がすごい好きな人もいるけど、私はそうでもないかな。小学校の同級生の男子とかからインスタでＤＭが来たりもするけど、それで話すだけで会ったりはしないですね。今はあんまりそういうことを求めてないというか、英語部と自分の部屋で満たされてるのかもしれない（笑）。すごい大きな出来事があったりするわけじゃなくて、普通の日常なんだけど、日々の小さなことでけっこう幸せ感じてます。このまま、あまり変わらず生きていたい。今のままで、周りの人に優しくして、周りの人のことを考えられるような大人になりたい。今はまだまだ足りてないので、頑張りたいと思います」

⦿追記

安定感のある子だった。ＢＴＳのシュガの暗さとそこからくる熱さに共感し、部活に全力投球。未来のことは考えられないと言いながら、今を十分に堪能して、自分なりに考えて、毎日を生きている。

部活は教師の労働時間を増やしてしまうことや、教師によるブラック部活のような問題もあり、民間への委譲が進んでいるが、部活は高校生にとって大きな成長の舞台としてまだまだ機能している。勉強以外の学校の役割として、部活の可能性はいまだに大きいようだ。

7

デジタルネイティブ・ガール

生まれた時からデジタル・ライフ、ゴーグルつけて毎日ＶＲ

――舟木《ふなき》恵奈《えな》

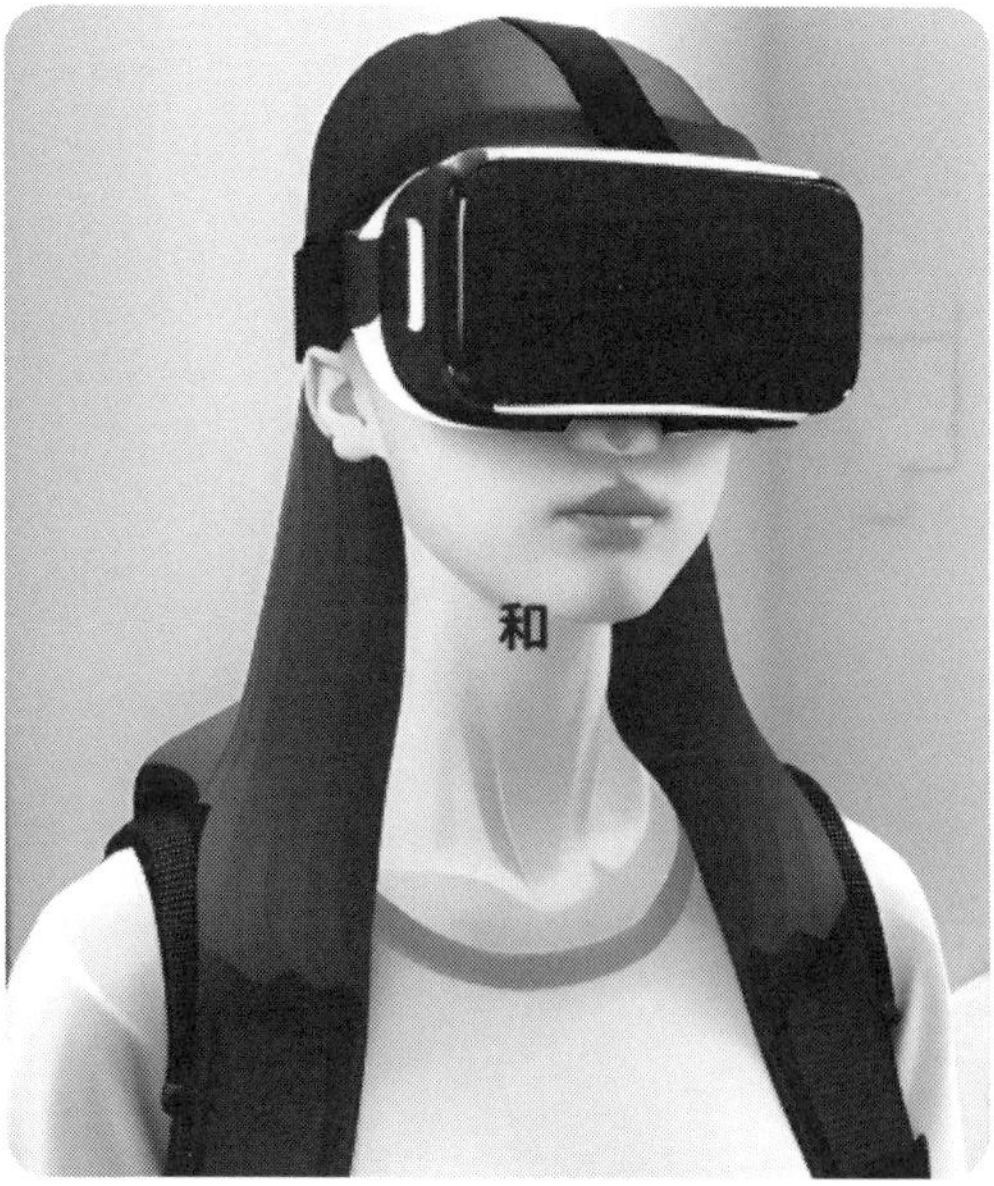

二十年前と現在の女子高生のいちばん大きな違いとなると、スマホやSNSなどのデジタルガジェット、インターネットに常時接続された生活の有無、ということになるだろう。友だちとのコミュニケーション、流行や新しい情報をどこから得るか、すべてがスマホを経由して行われるのが今の女子高生である。ファンになるのも、BTSのようなリアルなタレントだけでなく、ボカロアイドルやVTuberなど実在しない対象も多い。彼女たちにとって、リアルとバーチャルにはっきりとした境目があるのだろうか?

舟木恵奈は五人家族、三人兄妹の真ん中である。IT系の会社でエンジニアをしている父からのお下がりであるiPhone8を使っている。家族はみんなiPhoneで、家族専用のLINEグループを使って連絡を取り合っている。デジタルでも家族はしっかり繋がっている。

家族は仲良し?

「そうですね。よくみんなでいっしょにゲームしたりしてるから、仲いいんじゃないかな。Switchもやるし、ボードゲームを五人で本気でやったりしてます」

エンジニアのお父さんもゲームが好きで、お母さんも珍しいことにゲーム好き。そうなると、子どもたちも普通にゲームが好きになった。

「姉は理系の大学生。研究者を目指してるみたいですが、やってることは難しくて聞いても何言ってるかわかんないです（笑）。弟はちょっと前はFortniteってネットの対戦ゲームをずっとやってたけど、最近はスプラ（トゥーン）3。私もスプラはやります。お母さんはあつもり（『あつまれ動物の森』）をやってるかな。家族みんながゲーム好きっていうのは周りの友だちでもけっこう珍しいかもしれないですね。お父さんはもともとゲーム好きだけど、一年くらい前からVRをやってて、私もやらせてもらってからハマりました。ちょっと重いけどOculusっていうゴーグルつけて、最近は毎日やってます」

VRでは何をしてるの？

「VRChatっていうVRのプラットフォームにメインで入っているんですが、基本的には中をフラフラしてます。なんていうのかな、みんなでいっしょに新しい遊園地をつくりまくってるみたいな感じ。好き勝手やってる人がたくさんいて、メチャクチャ面白い。渋谷やタイとまったく同じ町並みがあったり、ゲームできる場所や神社があったり、あとはリアルだったら年齢的に行けないようなバーやクラブがあったり。一人でずっと好きな歌を歌ってる人とか、みんなでメンコだけしてるとか。とにかくメチャクチャで（笑）。やってる人の年齢もたぶんバラバラなんだけど、アバターだから何歳の人なのか、男か女かもあんまりわかんない。私も高二だってバレてないと思う」

いわゆるメタバース（三次元の仮想空間）である。たしかにメタバースの中では年齢は不詳になるし、どこにでもいける面白さがある。

難しくない？

「ＶＲやってる人は増えてきてますけど、それでもまだそんなにいないので、初心者に優しい人が多いです。使い方、遊び方がわかんないときは近くの人に質問してみたら、けっこう教えてくれる。優しい世界ですよ（笑）。最近、それで友だちになった人に可愛いアバターをつくってもらって、クマになって遊んでます。私も自分の好きな場所つくりたいなと思って、最近は Blender っていうソフトで３Ｄをいじり始めました」

エンジニアであるお父さんの影響もあるのか、もともとゲームが好きなこともあるのか、ＶＲの世界にすんなりとフィットしている彼女。リアルの学校の部活とかよりも面白そうだ。

「部活は、VRで弓道部やってます」

VRはどこでやってるの？　自分の部屋？

「いや、リビングのパソコンでやってますよ。いつもリビングにいる。勉強するときもリビングだし。家のリビングが一番落ち着く場所です」

リビングが、そして家が大好きな場所となったのにはきっかけがある。恵名が中二の三学期前後からコロナの感染が広がり、緊急事態宣言とともに学校に行けなくなった。必然的に、家のリビングにいる時間が長くなったのだ。

コロナの時はどんな毎日でした？

「中二の冬から春休みにかけて、緊急事態宣言が出ていたので家にずっといました。一コ上の先輩たちは、受験なのに塾に行けないと騒いでました。私はまだ受験の緊張感もなかったから、最初は学校に行かないでラッキー、くらいに思っていたんですけど、だんだん寂しくなってきた。友だちにも会えないし、ずっと家に居たら居たで、ずっと同じような生活になっていって、なんだかなあ、って。家族みんながだいたい家に居ることになったんで、庭でみんなでピクニックしたり……。普段しないことができたっていう意味では、まあ楽しい

 こともありました」

学校が再開したとき、どんなことを思った？

「久しぶりに友だちと会えて、ほんとうに嬉しかったですね。でも、前とは変わっていたこともたくさんあって。友だちと話していると、先生から『あんまりくっつかないで』って注意されたり、スキンシップはなくなりました」

VRにハマったのもコロナはきっかけの一つなのかな？

「どうだろう。学校とは違う自由さみたいなのはVRにあって、それは面白いなあと感じてました。学校の友だちとはぜんぜん違う人たちとの遊びだけど、それはそれで面白い。世界が広がった感じもしました」

コロナによって学校に行けなくなり、生活が変わった。内面的な変化もあったのだろうか。

気持ちや考え方でも変化はあった？

「コロナの前後で変わったこともちろんあるんですが、自分が変わったなって自覚した時があって、それは小六のときと中一のとき、学校の先生に言われた言葉で……。小六のときの担任とは仲良しだったんですけど、その先生に『やろうかどうしようか迷ったら、やった方が絶対後悔しないよ』と言われて。ああそうだなって。それまでは『どうしようかな?』と迷ったとき、だいたい『やらんとこ』ってなることが多かったんですけど、先生にそれを言われてからちょっとずつ『やってみようかな』と思うことが増えてきた。自分でこんなふうに変わるんだなって、その時に思いました」

中一の時は?

「これも担任の先生なんですけど、『ええ感じに』が口癖だったんですよ、その先生の。私たちが、「これってどうしたらいいですか?」と聞くと、だいたい「まあええ感じにやっといて」と言われる(笑)。

私は周りからはよくマイペースだって言われるんですが、ワタシ的には、他人に迷惑かけないように、失敗しないようにしなくちゃ、って思っているんです。でも、先生の「ええ感じに」を一年間聞いていたら、なんとなく「ええ感じに」ができるようになってきたなって。自分の殻が破れたんだなって思いました」

恋人は?

「推しとVRでいっぱいなんで、今はいい(笑)。部活の中でも彼氏がいる人は一人しかいない。クラスでは二組くらいですかね。人の恋バナで盛り上がっているときは楽しいから、友だちの好きな人とかを聞き出したりして遊んでます。中学生のとき、好きな人がいたことがあったんですけど、その人も私のことを好きだったんだけど、うまくいかなかった。好かれてることで、なんか気持ちが悪くなっちゃって、自分を出せなくなって。その経験は、ちょっとトラウマ（笑）」

気持ち悪くなっちゃったっていうのはどういうこと？

「まだあんまりうまく整理できてないんです、トラウマなんで（笑）。付き合うとかって意味がわからないというか、距離感もわけわかんなくなって、先を考えられなかったっていうこととか。あとは、自分の何を好きになってるのかわからなくて、気持ち悪くなっちゃったんですよね。まだその殻はぜんぜん破れてないですね（笑）」

自分のこと

お金はどんなことに使ってるの？

「ウチはお小遣い制じゃなくて、年始に親とおばあちゃんからお年玉を四万円もらって、その後は必要な時に交渉してもらう仕組み。あんまり使うことない。友だちの誕生日プレゼントとか、買い食いちょっとするくらい。あとは推しのグッズ」

こだわりのあるモノ、普段よく持ち歩いているモノってありますか？

「シャーペンはいつもスカートのポケットに入っている。ブレザーのポケットにも入ってる。ペンケースから取り出すの面倒くさいし忘れちゃうから、ずっとポケットに入れている。あと、鞄にスケジュール帳は絶対に入っている」

ヒキダシ、カバンの中味を教えてください

「文房具がいろいろです。整理するのは昔からキライじゃないのでいつもこんな感じ」

自分の将来について、どんなイメージを持ってますか？

「今考えてるのは、幼稚園の先生。人と関われる仕事につきたいし、人の役に立つような仕事がいい。それにロボットとかＡＩにとって代わられないような仕事がいい。幼稚園の先生は無くならないと思う。いろんな人に優しくできる大人でありたい。そういう風にしたいけど、苦手な人はいる。だから、うまくつきあえるようになったらいいな。あと、結婚はしてみたい。子どもがほしいと思う。小さい子が好き」

少女の引き出しの中

⦿追記

ＶＲとリアルの両立。デジタルの世界は、高校生たちにとって第二の自然とまでは言わないまでも、彼らが普通に過ごす場所のひとつになっているのかもしれない。家と学校の外で、他の世代、さらには外国との繋がりをつくる機会として、広大な放課後が広がっているようだ。

8

家族最優先のヤングケアラー

兄は障害者。でも家族だから愛してる——木島春奈《きじまはるな》

近年、心身が不自由な家族を抱えて生きているヤングケアラーという存在が認知されるようになってきた。障害をもつ当事者だけでなく、それを支える家族や周囲の人たちへのサポートも広がっている。悩みを人に相談しにくい子、思いを抱えてしまって自分に無理を強いている子どもも多い。最近は、障害のある兄弟がいる子のことを「きょうだい児」と呼び、専門的に支援するＮＰＯなども出てきている。春奈もその「きょうだい児」である。

現在高校三年生の春奈は、友だちからヲタクと言われるくらいのディズニー好きである。

いつから好きになったの？

「十歳で初めてディズニー（ランド）に行った時に、三〇周年記念のパレードを見て雷に打たれたような衝撃で。ほんとうに素晴らしくて。それがきっかけでした」

ディズニーの世界のどこがいいんだろう？

「なんだろう。わかんないけど、特に音楽が好きです。ディズニーの音楽を聴いてると身体の中から喜びが湧き出てくるというか。ホントに元気がないときでも、聴いたらすぐに身体がフワ〜ってしてきて、元気になれるんですよね。自分でもよくわかんないんですけど」

それからは毎年、コロナ前まで家族で必ずディズニーランドに通っていた。

「友だちがいないわけじゃないのに、なんで友だちと遊びに行かないの？」と親によく聞かれるという。


友だちとは行かないの？


「家族と行きたい。家族との時間が大事だから。学校にもディズニー好きの友だちがいて、ディズニーでやってるショーに出てくる人とか、ショーのテーマについて深堀りしたりして。それはそれでメチャ楽しいんですけど、やっぱり一緒に行くのは家族かなあ」

ふだんも、友だちと遊びに行くより家族といたい。いろんなことはあっても、家族といるとホッとするのだそうだ。春奈は三歳上の兄と父母、四人家族で暮らしている。兄は重度の障害があって、生活全般で介助が必要だ。

「お父さんのいいところは優しいところ。ママのいいところはどんなことでも話を聞いてくれるところと、あとは料理が上手なこと。ママがたまにつくるハンバーグが大好き」

中学に入ったくらいから、両親とよく話すようになったという。

「特にママは一人でため込んじゃうタイプなので、どんどん出した方がいいから、じっくり話を聞くようになった。重い話もある。重い話の時は、『きたなー』と思う。でもこれから保育科に行くから、そこでたぶん児童虐待の勉強とかもすると思うので、重い話を聞く練習も必要だと思う」

学校推薦による保育系の短大への進学がほぼ決まっている。推薦を取るのはけっこう大変だった。遅刻をしないようにして、単位もちゃんと取得し、〝良い生徒〟として頑張ったという。

「最初は動物園の飼育員になりたかったんですけど、飼育員の資格をとれる専門学校のオープンキャンパスに行って説明を聞いたら、まず学費が高い。あと、若い時しか仕事ができない可能性があるってことがわかって、親に反対されて。そこからしばらく自分的には低迷期に入って（笑）。何をしたらいいのかわからなくてキツかった。

それから何度も親と話して、子どもと遊ぶのが得意だからってことで、保育の方に進むことに決めました。妥協っちゃ妥協だけど、自分的には納得してます」

進路や両親の心理的ケアなど、彼女の選択には多少なりともお兄さんの存在が影響しているように感じる。

障害のあるお兄さんとの生活には大変なこともある？

「小さい頃から一緒の生活なんでもう日常になっていて、あんまり気にならないですね。いることが当たり前で、いまさらどうこう思ったりしない。お母さんから昔、『お世話してくれてありがとう』って泣かれたことがあったけど、なんでお礼言われるのかわかんなかったです。『世話してる』って感覚なかったし」

お兄さんは支援機能のある高校を卒業し、今は就労支援施設に通っている。昔は、お兄さんと一緒にいると周りの人がジロジロ見るので、どうしてそんな目で見るのかと気にしていたという。

外出をするときなどに、ちょっと面倒だなと思うことはあっても、親から特に介助を頼まれることはなく、手伝うのは歩くための装具を履く時や着替えを手伝ったりするくらい。

「兄と二人で留守番をしたりすることもたくさんありましたし、自分よりも兄のほうに親の手がかかって淋しいと思ったことはないです。家族はいちばん優先したいかけがえのないものです」

ふだんの春奈はごく普通の女子高生だ。バイトはしていないので、放課後は用事がなければ友だちと三十分くらい話をしてから帰る。ディズニーのこと、ポケモン、好きなアニメ、YouTuber のこと等々。

「一番好きな時間は寝てるとき。寝るのは大好き。ゲームは『Sky 星を紡ぐ子ども達』とか好き。これはとっても平和なゲームで、悪者はちょっといるけど攻撃はできなくて、オンラインで同じゲームやってる人と協力して、いろいろな人と関わっていくゲームです。ゲーム音楽も好き。オーケストラで演奏されたバージョンとかも聞いてみたい。好きなユーチューバーはドコムスさん。マイナーなゲームの実況をしてくれるから、よく観てます。アニメは最近だと『SPY × FAMILY』。一人で夢中になって観てましたね」

今の社会についてどう思うかと尋ねてみると、ゲームのイベントが東京ばっかりなのが嫌だとのこと。地方でもポケモンのイベントなどをやってほしい。オンラインでコンテンツは都市も地方もフラットになったのかと思いきや、リアルのイベントでは当然格差はあるということらしい。

お金の使い道は？　欲しいものっていまどんなもの？

「欲しいものって、あんまりないんですよね。強いていうならお金。五十万円くらいでいい。使い道はディズニーかゲームくらいしかないので残りは貯金しますね、きっと」

自分にとって身近な、親密な持ち物ってなにかある？

「ヤンヤンという海の生き物のぬいぐるみ。小さい時からずっと一緒にいます。寝るときも一緒だし、「おはよう」も「いってきます」も毎日言う。ディズニーに行くときも一緒。ヤンヤンもディズニーが大好き（笑）。もともとは兄へのプレゼントだったんだけど、兄は興味がなかったようなので（笑）、私のところにきた」

神さまっているいると思う？

「キリスト教とか仏教とか、宗教についてはよくわからないけど、神さまはいると思う。人型の神さまもいれば、動物型もたぶんいる。もののけ姫のシシ神様にはいてほしいです。友だちとも雑談で話したりしてるけど、神さまとか不思議な存在とか、私はいろいろ信じるタイプです（笑）」

⦿追記

社会的には彼女はヤングケアラーということになる。こうした家族の場合、両親、特に母親は複雑な思いを抱えていることが多い。そして障害のある子どもが家では主役になってしまい、ヤングケアラーの兄弟は脇役になってしまうことも多い。

そんな葛藤を家族の他に話せる人がいないヤングケアラーによくある悩みが「自分の心の内を素直に打ち明けられない」というものだ。進路の選択にしても、家族のために自分の望みを無意識に我慢したり制限したりする部分があるかもしれない。お母さんの重い悩みを聞いてあげている彼女自身の思いは、どこかで出せているのだろうか。彼女の場合は「ママと違って、私はひとりでいても独り言がとまらない。発散できる」と語っていた。高校を卒業し社会に出ていく中で、彼女が心の内を誰かに話したり、表現したりできる機会があることを願う。

9

天然マイペース少女

イモから抜け出せ！——千《せん》野《の》恵《めぐみ》

子どもからオトナへのステップはどう踏んでいけばいいのか？　古今東西思春期の子どもたちにとっての永遠のテーマだが、最近は「垢抜け」という言葉が流行っている、というか一般化している。小学校の子ども時代から、だんだん自分の世界ができて自立の兆しが出てくる中学時代を経て、高校生になるといよいよもうすぐ社会にデビューとなる。お金を稼ぐこと、家族以外の親しい友人ができたり、恋人との性的なことも含めた新しいつながりなど、「垢抜け」前後のどきどきとした時間は、個人差はあるにせよすべての女子高生に共通の移行期間だ。

高校三年生の恵は、生まれも育ちも東京の郊外だ。ちょっと歩けば森もあり畑もある、適度な田舎感がある場所で父母と弟、四人家族で暮らしている。家族の仲はまあまあで特に喧嘩もせず、お互いに嫌な感情も反発もなく平和な家庭といえるだろう。

彼女は中学時代からずっと陸上部でバリバリやっていたこともあって、外見はスポーティでさっぱりした印象。そして、まだ「垢抜け」していない。要するに「自分はまだ子ども」だと思っている。

どういう時に、まだ「垢抜け」してないなって思うの？

「カフェに行った時。学割で安くドリンクを飲めるところがあって、年齢確認されたときに、『三年です』って言ったら『中三ですね』って言われて、マジでムカついた（笑）。でも自分は『イモ』なんだなってその時自覚した」

化粧っ気もないし生来の童顔もあって、確かに年齢よりは幼く見えるかもしれない。友だちにはよく「マイペースだね」って言われるらしい。

友だちの中ではどういうキャラなの？

「恵はいつもヘラヘラしてるねとか、楽しそうだねとかよく言われます。進路相談の時に先生から、『おまえは牧場で働くのかなって思ってた』って言われて（笑）。失礼な！　でも、自分でもあんまりしっかりしてるタイプではないかなとは思ってます。授業中に思い出し笑いしちゃって、周りからびっくりされたり（笑）。でもなんもしてなくても、人の二倍くらい楽しいんですよね」

陸上部では、けっこうしっかり部活に取り組んだ。部員の中で女子が一人だったので、いじられキャラ、かわいがられキャラだったそうだ。人見知りではあるけど、あまり意識し過ぎないタイプでもあるので、初対面の人ともけっこう仲良くなれる。

昔からそういうキャラだったの？

「小学生のころはガキ大将じゃないけど、ホントに近所の自然があるところを、男の子たちと毎日走り回って遊んでた。楽しかったなあ。それで中学に進んだんだけど、その中学が地元の四つの地域の小学校から子どもが集まるところで。私の小学校からは行く人が少なかったのと、あと周りに気が強い子が多くて新しい友だちをつくるのがちょっと難しかったんですよね。なので、中学では少し小さくなってました（笑）」

高校生も三年が過ぎた今でも、もうちょっと積極的になれたらいいなと思っている。友だちが写真を撮っているときに、「わ〜い！　私も入れて〜」とはなかなかいかないみたい。

そういう環境ですぐに馴染む子とそうでない子、両方いるもんね。

「そうなんですよね。まあ、しょうがないかなと。慎重というか、怖がりなところはあると思う。バイトも、お金欲しいし面白そうだなって思うんだけど、学校に申請を出さないといけないのがダルいのと、やっぱりちょっと怖い。誰かから聞いた話とかＳＮＳに書いてあることをけっこう鵜呑みにしちゃうところがあって。外国に行くのも興味あるんだけど、事故にあった話とかを聞いたり見たりしたから、あんまり行きたくないなあって」
一生懸命やった陸上部では、いい友だちもできたし、仲良しグループの友だちもいる。

友だち関係だと、どんな時が楽しい？

「自分は、人と話すのが好きなんだなって気づきました。友だちとは本当によく話します。なんでも話す。夏休みは、みんなで鎌倉に一泊でプチ旅行したり、大久保とか原宿もちょいちょい行きます。買い物もするけど、美味しいものを食べたり飲んだり、喋りながらブラブラ歩いてるのが楽しい。高校生活も残り少ないから、できるだけいろんな人と関わって、いろんな人と話したい」

入学したのは二〇二〇年の春、コロナで世界中がざわついていた時だった。恵の学年は入学式もなく、最初から分割登校だった。全員のクラスメイトに初めて会えたのは中間テストの時だったそうだ。

「あの年は高校入って新しい友だちつくるのがみんな大変だったと思います。インスタで同じ学校の子を見つけて繋がって、その後クラス発表を聞いて同じクラスの子を探して……。

そこで繋がって。いま仲良しの子たちは、そこからの付き合い。だから、そういうのに乗り遅れちゃった人もいて、友だちができないから学校辞めちゃった子もいました」

部活は三年の夏に卒業。進学は推薦で、一次は突破している。スポーツトレーナーに興味があって、スポーツ系の学校に進む予定だ。「体育が大好き！」なので体育の教員免許も取得しようと思っている。あとは二次の面接が残っている。たぶん大丈夫。ということで、今はけっこう時間に余裕がある。

今はだいたい何してるの？

「すごいスマホみてます（笑）。部活を現役でやっていたときは毎日クタクタでスマホを見る余裕もあんまりなかったけど、今は時間も気持ちも余裕あるんで。まあ、TikTokとか友だちのインスタのストーリーとかを基本的には見るだけですけど。自分の写真は友だちと繋がってる鍵垢のインスタにあげるくらいで、そんな積極性はない（笑）」

音楽はどんなのを聞くの？

「テンポの早い曲が好きですね。日本だとNovelbright（ノーベルブライト）の『Walking with you』とか『back number』とか。洋楽だと映画の『グレイテスト・ショーマン』で歌われてた『This Is Me』とかは、部活のときもよくみんなで聞いてました。あとは普通にJustin Bieber（ジャスティン・ビーバー）、One Direction（ワン・ダイレクション）とか。だいたいYouTubeかApple Musicで聞いてます」

マンガは？

「私、字が嫌いなんで、マンガもほとんど読まないですね。国語の教科書とかも絵本にしてほしいくらいです（笑）」

字が嫌いと言いつつ、勉強はできない方ではない。教科書も読めるし、授業も理解している。家でも勉強している。自分の部屋もあるけれど、リビングか兄の部屋が一番勉強がはかどる。普段からだいたいリビングにいるという。

「学校でも朝とかに勉強してますよ。この前、友だちに『恵は真面目だね』って言われて、あんまり言われたことないので嬉しかった」

自らを「イモ」と思っている恵にとって、部活も終わり進学を前にした現在は、「垢抜け」のタイミングらしい。

服装とかも気にするようになった？

「部活やってたときはもう運動大好きだから、短パンにTシャツみたいな格好ばっかだったけど、最近ちょっと気にするようになって。そういう変化が最近楽しい。韓国っぽいものを着たり、あんまり派手じゃない大人っぽいのを着るようになった。SHEINとかで買ってます。子どもっぽいイメージ変えたい（笑）。垢抜けしたい！」

どうやって「垢抜け」するの？

「最近、周りで骨格診断っていうのが流行ってて。骨格のタイプによって似合う服が違うっていう話なんだけど。タイプがストレート、ウェーブ、ナチュラルの三つあって、私はストレート。これによると太りにくいらしいんだけど、ぜんぜん嘘で部活をやめて五キロも太りました（笑）。肉がつくのは嫌だ！」

ダイエットもするとは決めたものの、まだ始めていない。子どもっぽいイメージを変えたいのだそうだ。TikTokなどを参考に、髪の毛の巻き方を試したり、メイクも研究し始めた。

「でもぜんぜんイメージが変わんなくて、悩んでます（笑）。難しい。眉毛描いたりとか。友だちに教えてもらったり、研究してるんですけど、イマイチ（笑）」

校則ではダメだが、学校に行く時にも少しだけメイクをするようになった。初めて化粧をしたときは、「どうしてこんなに下手くそなんだ！」というくらいひどかったそうだ。お母さんにも「高校生でメイクなんていらないでしょう」と言われる。

肌荒れしないように化粧水や乳液、洗顔やパックなどもするようになった。

ところで恵には、五年付き合っているカレシがいる。今は学校が違うが、小学校から中学までずっと同じクラスだった幼馴染の同級生だ。

どんな人？

「彼は、考え方とか喋り方とかが、少し大人っぽいタイプかな。私が大雑把過ぎて子どもっぽいのもあるけど、ちゃんと私のこと考えてくれて補ってくれる。信頼してる。私は信号が赤でも待ってられないくらい落ち着かないタイプだけど、彼はそういうところが反対で落ち着いてます」

休日にはディズニーランドに一緒に行って、おそろいの服を買ったり、写真を撮る。長い付き合いだが今も変わらず仲良しだ。友だちからも公認で、憧れられることもある。

ケンカはしないの?

「ケンカはするけど、その日のうちには仲直りすることがほとんど。お互いにケンカをしてるときは相手の話を聞かないし、自分が正しいってずっと突っ張るから。そういうときは、相手のことを「子どもだなー」って思うけど、時間がたってだんだん冷静になると、『あのときはこうだったね』とか話し合って仲直りできる」

彼氏とじゃなくてもいいんだけど、結婚のこととかって考える?

「ひとりで死にたくないから、結婚はしたいです(笑)。ひとりなんて考えられない。寂し過ぎる。そういうところが子どもなのかな、わかんないけど。結婚するのは早くなくてもいいけど、遅くなければいいかなっていうくらい。子どもはまだわかんないかなあ。それも私が子どもだからかなあ。まあ、その時に考えればいいというか、なんも考えてないですね(笑)」

⦿追記

少し天然の気配がある子は、いつの時代にもいる。周囲に守られスクスク健康に育ってそうなったタイプと、傷ついた後にガードのために天然のような振る舞いをするタイプがいるが、恵は前者のようだ。いわゆる天然の子はどう大人になるのか?「垢抜け」という言葉がここでも出てきたが、ダサい子どもから大人になるにはどうすればよいのか。服装やメイク、内面などの「自分磨き」に最近の女子高生たちが勤しむのも、こうした大人へのステップをゲーム感覚で楽しむ一種の遊び方なのかもしれない。

ところで、いろいろな女子高生の話を聞いていてよく出てくるのが「字が嫌い」という発言だ。字を読むのが嫌いだからマンガも読まない、という子もしばしばいる。しかし、そう言いつつ、恵も勉強は普通にこなしているし、学校の成績はまずまずだったりするので、字を読めないわけではないのだ。その他、自分の手書きの文字が嫌い、という声もあった。スマホで打っているフォントの文字ではない手書きの文字に、違和感を感じるということはあるのかもしれない。

それにLINEなどメッセージルールでたくさんの文字を書き、読んでいる。絵文字、スタンプなどを含んだメッセージの微妙なニュアンスを読み解き、またそれらを駆使しながら表現し、日々コミュニケーションを行っているのだから、彼女たちの言葉のリテラシーは決して低くはない。

10

都会派クール

自分がイチバン、メンタル強め。縛られるのは好きじゃない──鮫島青子《さめじまあおこ》

「わたしはひとりである」と感じる時が、おそらくどんな子どもにもある。それは寂しさでもあり、新しい世界へのドキドキでもあり、思春期特有の反発や違和感、そしてかっこよさを形づくる。

それが極端なほうに振れると、もう世の中のすべて、家族も学校も友だちも、すべてがダサく、イヤなものに見える。クラスの中に一人や二人はそういう子が居たし、今もやっぱりいる。

繁華街に近い都心に住む高校一年生の青子は、強めの眼力でまっすぐ正面を見て話す。話を聞いたのは自宅からのオンラインだったので、ジャージにパーカーというリラックスした服装である。

普段からそんな格好なの？

「家だとこんな感じですね」

家は好き？

「そんなに好きじゃない。外の方が好き。でも、家の中だと自分の部屋しか居場所ないから、だいたいここにいます。ご飯も自分の部屋で食べる」

家族とは、ふだんからあまり話さない。特に自分が高校に入ってからは、必要最低限のことしか話さなくなった。小六の妹とも特に話すことはないから、家はけっこう静かだと言う。

学校は郊外にあるので、通学に一時間以上かかる。七時三十分には家を出て学校に向かう。部活があるときは帰りは遅い。彼女はバレー部のマネージャーである。

なんでマネージャーになったの?

「そんなに忙しくないからっていうのが大きいけど、性格的に合ってるかなと思って。人をサポートするとか、そういうタイプではないんだけど。たんたんとやる感じが自分に合ってるというか。でも辞めるかも(笑)」

忙しくないということは、青子にとって非常に大事である。

「通学が長いし、ずっと教室に座っていなくちゃいけないのも疲れる。あと、大人の話を聞くのも疲れる」

「疲れる」という言葉が、しばしば青子の口からは出る。

「必要以上に動きたくないし、無駄な体力を使いたくない。疲れていいことなんてなんにもないです。前にバイトしてたときも、接客が疲れてすぐに辞めた。学校帰りには、早く家に帰って寝たいって思ってます」

疲れたくない。学校もつまらない。というと、無気力な女の子なのかと思ってしまうが、青子は無気力なわけではない。

「部屋が好きなのもそうなんだけど、ひとりで自由にしてるのが落ち着くっていうだけで、別にいろんなことがダルいってわけでもないんですよね」

友だちと一緒にトイレに行くのは苦手だ。数えるほどしか友だちもいない。だいたい似たようなタイプの友だちと、少しだけ繋がっていればそれで十分。


好きな場所ってある？

「学校帰りの夜の道。けっこう田舎だから駅まで時間あって、周りがまあまあ暗いところをひとりで歩くのが好き。落ち着くし、知り合いもいないから何も考えなくていい。あとは体育館も好き。広くて開放感があって気持ちがいい。人がいないときに一人で行く。季節は冬と春が好き。冬は晴れてる日の寒い日、空気がきれいで気持ちいいから。春が好きなのは誕生日があるから。魚座。占いはたまに見るけど信じてる」

メンタル、強い方じゃない？

「メンタル強いってのは、親からも言われますね。中学時代に同級生からハブられたりしたこともあるけど、もちろん嫌な思いしたけど、そういうことをすることがダサいなと思ってたし、ひとりでもぜんぜんいいやって」

女子校には特有のグループ化がある。スクールカーストというテーマがいっとき話題になったが、上下があるわけではなく、独立したそれぞれのグループが共存していると言った方が実情に近いそうだ。

クラスの中はどういうグループに分かれてて、青子はどこに属してるの？

「うちの学校はカーストみたいなのはあんまりないと思うけど、グループには分かれてる。いちばん多いのはオタクで、次が部活系と勉強系。あとはその他って感じで、遊んでる子だったり、あてはまらない子。私はだいたい一人で動いてるので、その他ポジションかな。中学だとハブ（仲間はずれ）みたいなのはあるけど、高校になると子どもじゃないからそういうのは卒業するんじゃないかな。卒業しない子もいるかもしれないけど」

高校になって変わったことはどんなこと？

「中学より自由になったと思う。髪型とかメイクとか、見た目も自由だし。お金の使い道も自由。バイトは前にちょっとしてたんだけど、嫌なことがあったから辞めちゃった」

バイト先でなんかあった？

「二十二時で終わりの約束なのに、忙しいからもうちょっといてって上から言われて。ムカついてやめた」

早く寝たいんだもんね（笑）。家では何してるの？　勉強は？

「勉強はまったくしてないですね。中学の頃からしてない」

でも、高校は受験あったんじゃないの？

「受験もノー勉でクリアした。中学からの推薦があって、校長先生とは仲良かったというか、自分のことを理解してくれてた。きっかけは、プールの授業が男女いっしょっておかしい、って思って、それを校長に言いに行ってから、いろいろ話すようになって、仲良くなった。でも、勉強はしないなあ。文字読むのって嫌い。漫画も読まないんだ。あ、でも最近世界史は好きかも。戦争のこととか、第二次大戦のドイツのことYouTubeでよく見てる。あと、昔の事件モノは興味があっていろいろ観てる」

青子は一本筋が通っている。嫌なものは嫌で、周りに流されない。

「日本人て、周りに合わせるところがダサいと思う。思っていることを言わないのもダサい。ダサいやつにはなりたくない。中学のときはけっこうそういう周りに流されない子がいたんだけど、私のクラスはハズレだった。遅刻したときに、遅いとか早く来いとか、よくわかんないことを言って。そんなことを他人に言われる筋合いなんてないと思う」

他の人のことはあまり気にならないし、むしろ気にしていることの方がダサい、と青子は考えているようだ。

ＳＮＳは使う？

「TikTok も Instagram も見るだけです。メッセージは使いますよ。知り合いという関係から、少し仲良くなったら LINE を使うかな。ＳＮＳで発信して自分の私生活を人に見せることには興味ないです。みんなと似たような投稿をしても意味ないし」

自分は人とは違うということ。そこを崩さないし、崩すつもりもないという思いが、彼女には強くある。

早く大人になりたいと思うことってある？

「いや、ないかな。朝、電車で通勤する人になりたくないし。大人で好きな先生もいない。先生って、なんで私たちより上に立っているのかよくわからない。ぜんぜん尊敬できないし」

そうか。尊敬できる大人って、誰かいる？

「いないかな。自分が一番いいと思ってるから」

付き合っている人はいる？

「一カ月くらい前に別れちゃったんだけど、いた。三カ月くらい付き合った。一コ上でバイト先で知り合った人。髪の毛長くて見た目が好きだったのと、私に少し似てて自分がしっかりある人だったけど、お互いプライドが高くて、心の中で思ってることをきちんと言えなかった。思ってることをちゃんと人に伝えるのって難しいなって思った。ちょっとだけ未練はある」

結婚とかって考えた？

「さすがにそれは考えなかったけど、でも早いうちに結婚はしたいと思ってて。二十五歳くらいまでには結婚して、子どもを産みたい。二十歳とかになったら今よりもっと自由になると思うから、そしたら楽しくて結婚とか子どもってどうでもよくなっちゃうような気がしてて。だから、高校生の今のうちに遊んでおいて、二十歳過ぎたらパッと結婚したいなって」

やりたい仕事ってあるのかな？

「メイクの仕事には興味がある。お化粧は前から好きで、小学校の頃からやってた。可愛くなるのってすごい楽しいし、『結局世の中顔じゃん』とは思ってる。お化粧してない子を見ると、もっと可愛くなれるのにもったいないなー、って思う。そういう子を可愛くしてあげるような仕事がしたい」

可愛くしてあげたいって面白いね。

「可愛い子がいたら真似したくなるっていうのもある。人間観察は今すごいハマってて、電車でも街でもよく人の観察をしてる。可愛い子がいたらメッチャ見ちゃう。顔が可愛いっていうだけじゃなくて、なんか他の子と違う感じがある人が好きだって、最近気づいた」

じゃあ、自分の顔は好き？

「人中が長いのがコンプレックスで、整形したい」

「人中」とは、鼻と上唇の間にある縦の溝のこと。韓国アイドルの影響で、日本でも人中を短くしたいという女性は多い。

メイクはどんなものを参考にしてる？　韓国の人たちとか？

「メイクの情報は、TikTokかYouTubeで検索して見てる。韓国は好き。芸能人とかアイドルにそんなに興味があるわけではないので特に誰推しとかはないけど、小学校の時から好きでＢＴＳも見るし、韓国ドラマもよく見てます。それぞれの人に個性がある感じがいいなって。日本のアイドルとかはそういう個性を感じない」

下の子たちに慕われたりすることない？

「けっこうある。でも、なんで人のことを憧れたり慕うって思うのかよくわかんない。結局、私は自分がいちばんいいと思ってる。自分を愛せるのは自分だけだから」

⦿追記

群れないタイプであり、社会の仕組みや大人に対してたくさんの苛立ちを感じている女子高生。親も学校の先生もまったく尊敬できないし、教育の制度も理解できない。ちゃんと反抗している若者でもあるが、今どきなのはメイクや整形をしてでも可愛いくなることへのモチベーション、そして友だちを可愛くしてあげることに喜びを感じるというところだろうか。そして、早い結婚と出産を望んでいるところなどは、生き急ぐ気配を感じないでもない。

11

ピカピカ自分磨き

校則をかいくぐってスクールメイク

——大角麗《おおすみうらら》

国内のメイク市場は三兆円を越える規模があり、今後も拡大が予想されている。中でも大きく成長しているのが十代のメイク市場だ。高校生ともなれば女子はもとより、現在は韓国人気の影響で男子も肌の手入れをする子たちが増えている。そして学校という制限の中でも、女子たちはメイクに勤しむ。校則をかいくぐり、百円ショップを駆使して、彼女たちは今日も、朝夜鏡を見つめ、キレイになったりカワイクなったりしている。

コスメが大好きな関西在住の大角麗。現在高校三年生で、通っているのは校則が厳しい学校だ。

コスメ好きにとって校則は大敵だと思うんだけど、どんなルールがあるの？

「うちの学校は頭髪検査で前髪が一本でも目にかかってたらアウトです（笑）。メチャクチャ厳しい。でも、ルールをかいくぐっていろいろ試してます。今のとこバレてません。けっこうみんなメイクやってるから、情報共有も盛んです」

スクールメイクは、校則や「高校生らしさ」という既成概念を逆手に取って、特殊な発達をしている。先生に見つからないように、でも可愛く、カッコよく。

基本のメイクはどんなことをするの？

「軽く日焼け止めを塗ってからパウダー、アイブロウ、アイライナーをのせます。まつ毛をきれいに見せるビューラーもあんまり派手にならないように使う。それでマスカラを上下に塗って、チークふんわり。リップも薄めに塗る。眉毛もいじりたいので、検査をパスできるくらいの処理はしてます」

眉毛の処理ってどんなことするの？

「剃るとバレるので（笑）、ニトリのフェイスシェーバーでカットして、その後で眉の色を抜く。色を抜くのは眉毛用の液じゃないのでちょっと痛いです。抜き過ぎると、金の眉になっちゃうから注意しながら。韓国だと並行アーチ眉っていうのが流行ってるんですが、私もそっちの方向で。なるべくフワッとさせる。あと、カラコン（カラー・コンタクトレンズ）もちょくちょくしてます。これも当然バレないくらい薄めの色のやつ。カラコンはけっこう安くて、使用期限が切れそうなものをネットで安売りしてて、だいたい五百円くらいから買えるんです」

大人のコスメでも、あまりコッテリ乗せない薄い化粧やナチュラルメイクが定着しているが、高校生たちの薄めの化粧は校則から逃れるために、大人の目を逃れるために発達しているところが面白い。
麗は将来、コスメ関係の仕事をしたいと考えている。そのための資格として、日本化粧品検定・化粧品成分検定三級も取得した。ただのコスメヲタクではない。要領がいいのである。

コスメにハマったのはどうして?

「コロナで学校に行かずにけっこう家にいたから、そのときはかなり暇で、オコモリ美容じゃないけど、ハマったんですよね。周りの友だちでもそういう子はけっこういますよ。コスメの口コミサイトをメチャ見るようになって、自分のコスメのやり方をいろいろ工夫して、口コミサイトにもアップするようになった。フォローしてくれる人もけっこういるんですよ。フォロワーさんの数が自分の誕生日といっしょになった時は嬉しかったですね(笑)」

麗の朝は早い。起床は五時四十五分、洗顔をして軽くスキンケアをし、白湯を飲む。
「白湯は肌にいいんで(笑)」
そしてご飯を食べる。ダイエットをしているので、メインはスムージーだ。数分で飲み終わると、その後はメイクの時間。といっても、これも五分くらいで終え、髪の毛のセットも五分くらいで完了。

もっと時間かけるのかと思ったけど、けっこう早いんだね。

「みんな、こんなもんだと思いますよ。だってスクールメイクだもん。薄いし、簡単なのがいいんですよ」

けっこうあっさりである。六時過ぎには学校へ向かう。一時間ちょっとかけて学校に着く。そこからは自習だ。要領がいいので、そういうところはしっかりやる。部活はやってないので、夕方には帰宅。ダイエットのためにゆっくりジョギングを三十分くらいしてからお風呂に入る。

ご飯の前に風呂入るんだね？

「この時間は家族の誰も入らないので、いちばんゆっくり入れるから」

お風呂から上がったらスキンケアをしてヘアオイルも塗る。そしてまた勉強。八時くらいには家族みんなが揃うので、一緒にご飯を食べる。父も母も働いていて、大学生の兄もいっしょに食べるときは食べる。

家族は仲良しなの？

「もう、一緒に旅行行ったりとかはさすがにないけど、それぞれ今日あったヤなこととかイイこととかをご飯しながら話してて、仲いいですよ。あんまり隠し事もないと思うし。まあちょっとはあるけど（笑）。お互いイイ年なんで、自立してるというか」

ご飯の後は自由な時間がすこし、その後は再び勉強だ。十二時前まであんまり邪魔にならないYouTubeをBGMに勉強をして、寝る前までの三十分くらいは友だちとメッセージをしたり。

「あとは自分のコスメ箱みてニヤニヤしたりしてます」

最近大事にしてること、何かある？

「コスメとも関係あるんですけど、自分磨き。もう高三だから受験もあるし、受験と自分磨きを頑張ってる。けっこう負けず嫌いなところあって、今までで一番最高なわたしになるっ！　って頑張ってるところです」

部活をやっていたらそちらに打ち込んでいたであろう彼女のエネルギーは今、受験と自分磨きに注がれているのだ。

「あとは垢抜けもけっこう研究してますね。夏休みの後で垢抜けた子とかもけっこういる」

「垢抜け」とは要するに子どもじゃなくなる、ということ。

「垢抜けにはいろいろやることがあって、外見だとまずは日焼け対策。これは大事。韓国の人たちはみんな白いですよね。家のカーテンはもちろん閉めるし、日傘使ったりする子もいる。私はなるべく日影を歩いてます（笑）。あと、もちろん自分の肌に合うスキンケアと自分に似合う前髪。髪型は顔の形と関係がある。前髪は最初は薄くしてみたり、重めにしたり、センター分けにしたり、自分の顔に合った髪はなんなのかすごく研究した。今も研究してます。髪はナイトキャップしたりする子もいるけど、私はそこまではしてないかな。ムダ毛処理も当然します」

垢抜けには持ち物も大事だそう。たとえば絆創膏を持っていることや、ハンカチ、ウェットティッシュなども、女子力アップのアイテムで、垢抜けには必要なのだという。あとは目薬。

目薬は何に使うの？

「充血が取れて、白目の透明感がアップしてきれいになるんですよ。なので、写真を撮る前に差したりします。私は参天製薬のサンテ・ボーティエを使ってます」

そして中身、つまり内面も垢抜けには必要だ。たとえば乱暴な言葉遣いはＮＧ。食べ方のマナーなども大事で、そういう社会のルールなどは親に聞いたりすることもあるそうだ。

「垢抜け」は自分磨きとも繋がってるんだね。

「そうですね。いまハマっていることでいうと、部屋をきれいにするのも大事。口コミサイトにメイクの写真あげたりする時なんかに自分の部屋が映るので。そうだ、あと大事なのは笑顔！　今はみんなマスクをしてるからわかりにくいんだけど、マスクしつつも目を細めると相手に伝わりやすい。インフルエンサーとかじゃなくても、笑顔の練習はけっこうしてる子多いんじゃないかな」

今、コンプレックスって何かある？

「ちょっと足が太いところ。ダイエットしてるんだけどなかなか……。YouTuberの『ひなちゃんねる』を見て運動してる。まあ、たまにだけど（笑）。食べ物はやっぱり気になるので、必ずタンパク質はとるようにしてる。コンビニで売ってるバナナ味の豆乳とか、SAVASのヨーグルトとか、いろいろ試してるんだけどだいたいまずいんですよ（笑）。その中では、キッコーマンの豆乳が好みです。あとは、ほぼ一重の奥二重がコンプレックス。これはなんとかしたい。もちろん整形も考えてる。それと髪が多いのもいや」

コスメグッズにタンパク質と、消費活動は活発である。お小遣いは決まっておらず、必要な時に親にもらうという感じらしい。

キャラ物とかは買ったりするの？

「高二のときにサンリオにすごいハマった。シナモが一番好き。シナモロールのパックとかもあって、サンリオのコスメのアイテムは、すごい買いましたね。なんで買ったのかわかんないけど、ベルばらのパックとかもあります（笑）。これはたぶん安かったからだと思う。まあでもパックって正直私はあんまり必要ないので、なんでもいいんですけどね。肌トラブルあんまりないし。雑誌も付録がいいときは買う。VoCEとかはパックにブラシが付いて、コスメのサンプルも付いてたりしてお得。けっこう買います。リンメルってロンドンのコスメブランドのブランドブックもすごいお得だった。一〇〇円ショップのダイソーも優秀でよく使ってる。女子高生はダイソーメチャ使ってますよ。ポーチとかリップケースとか収納系はすごい役立つし、とにかく安い。PayPayで半額の時期があって、そのときはメチャ買った。ダイソーのフレンドネイルはサンリオのキャラとコラボしてるやつがあって、それも安くてお得。あと、ナイトケア手袋も使ってるかな。あ、ナイトキャップはかぶらないけど手袋はして寝てますね（笑）」

あらためて聞くけど、メイクってなんで楽しいんだと思う？

「自分好みのメイクができた時、本当に幸せですね。うまくいったー！って感じですごい嬉しくなる。それで誰かに可愛いって言われたらもっと嬉しいけど、それが目的でもないような……。なんだかんだ濃いめのメイクが好きなんだけど、まだスクールメイク世代なんで、今はこれを楽しんで大人になったら別のメイクを楽しむ。それでもっとメイク上手になって、いろんな人をきれいにしてあげたいなって思ってます」

◉追記

鏡を見る時間の多い少ないが男女間の精神の深みの差である、と誰かが言っていたが、ちょっとありそうな仮説である。女子高生たちも、毎日鏡を見ながら、外面だけでなく内面も見つめているような感触がある。コロナ禍でマスクをしていても、学校に行けなくて部屋で遊んでいても、自分がどう見られるか、どのように見えるのか、をしっかり外から把握し、コントロールしている彼女たち。外見だけでなく内面も磨くという彼女たちの、良くも悪くも見られる存在である女子高生たちの冷静な視点が、ＪＫコスメの世界からは垣間見ることができる。

12

SDGsガール

不平等や不公正をなくすため起業を目指す——高坂《こうさか》八重《やえ》

学校の授業ではもうSDGsのいろいろなことを教わっていることもあって、十代の学生たちは「社会課題」についてよく知っている子が増えている。日本の未来について、人口が減っていることや経済の先行きもそれほど明るくないことを知っているからか、温暖化や海洋プラスティックのこと、ジェンダーの不平等のことなど、フェアネスについて敏感な子が多いようだ。彼女たちはこれからどんな世界を作ろうとしているのだろう。

関東在住の高校生二年生、高坂八重はとても忙しい。夜遅く、時には0時Zoomでチームミーティングだ。インターンをしているNPOの仕事で、タスクを処理するために夜の時間の大半を割く毎日である。しかし、昼間はしっかり高校生をしている。

夜遅くまで働いてきつくないの？

「自分でもかなり忙しいなとは思いますけど、楽しいから苦にならないですよ」

起業したいと思ってるんだって？

「起業というか、自分で仕事をつくって立ち上げたい。そう思ったのは、中学二年生の夏頃だった気がします。父が会社をやっていることもあって、仕事をしている姿を家でもよく見ていました。仕事のことで話している内容も聞こえてきていて、いろいろな人と打ち合わせをしたりしているのが、なんか楽しそうだなと思って」

小さいころから将来なにをしようか考えるのが好きだったという。

これまで、どんな将来を描いてたの？

「保育園のときの看護師さんになりたいから始まって、お医者さんや学校の先生、野菜をつくる人、塾の先生もいいなと思ってたこともあったし……。とにかく、気が多過ぎた（笑）。時間がぜんぜん足りないかも、って小六くらいのときは焦ってましたね。焦るには早過ぎる年齢ですけど。でも『会社に入るとか、職業をひとつに決めるよりも、自分で会社を作れば好きなことを仕事にできるし、何個も掛け持ちすることもできる。これからの世の中ではそれが普通になってくるよ』と父から教えてもらって、そうか！　って安心しました。燃えました。単純なんです（笑）」

中学校は地元から少し離れた私立中に入学。周りの同級生にはそういう考え方をする友だちがあまりいなかった。だから、表には出さずにちょっとずつ自分で調べたり、先生に聞いたりして準備を進めていた。そんなとき、ある友だちが「こんなのあるけど、八重ちゃん好きじゃない？」」と教えてくれたのが、都内のＮＰＯが主催している高校生向けの起業インキュベーションイベントだった。

けっこう積極的に動いたんだね。どういうモチベーションがあったんだろう？

「今はこうやって元気に喋ってますけど、オンラインでは陽キャなんですが、オフラインになると途端に陰キャになる（笑）。だから二泊三日の合宿形式のリアルイベントは、ちょっと不安ではあったんです。でも、コロナで時間もけっこうあったし、その友だちも一緒に参加するからいいかなって思って、飛び込みました。そこで、メチャクチャ面白いことをやってたり考えてる高校生の子に出会った。あと、それを応援してくれる大人の人たちがいっぱいいらっしゃったのは大きかった。たくさん話をする機会をもらえたし、父以外の大人の人たちに、自分の考えていることとやりたいことをプレゼンして、フィードバックもらえるのは本当に楽しくて。再び燃えましたね、私は（笑）」

八重が取り組もうとしているのは、子どもの貧困や教育というテーマ。もともと子どもが好きだったこともあるが、大きなきっかけは去年、学校の交換留学の制度を使って半年間フィリピンの田舎に留学したこと。

留学はどんな経験だったの？

「SDGsなんかの影響もあって、昔よりも世界の貧困問題は改善する方向に進んでいるんですが、フィリピンの田舎の人たちは、日本に比べると経済的にはまだまだ貧しい状態にあって、学校教育のレベルも低いです。もちろん、私みたいに留学なんてなかなかできない子がほとんどで。それでも向こうでステイさせてもらった家の子たちは、インターネットでいろいろなものを見ていて、外国でＩＴの研究者になりたい、お母さんを助けるためにいい仕事につきたいって、すごく努力していたんです。そのことを目をキラキラ輝かせて話してくれました。そういう経験があって、私は今自分のやりたいことに挑戦できているけど、彼らはみんながそうじゃない。『誰ひとり取り残さない』っていうか、いろいろな人が私と同じように、好きなこと、やりたいことに挑戦できるような社会になればいいなと、その時すごく思いました」

帰国してからスイッチがはいった。途上国の教育の支援をしているＮＰＯのウェブサイトでインターン募集の記事を見つけ、早速応募した。高校の授業もあるので時間的な制限はあるけれど、毎日数時間はインターンの業務に携わっている。

普通のバイトとは違うと思うんだけど、NPOのインターンってどう？

「コロナの影響もあって、NPOの業務がリモートに一気に変わっていたことも、私みたいな高校生にとっては良かったです。もちろん、まだそんなに大事なところにはコミットできていないんですけど、海外の支援先とも直接Zoomで繋がって話したりできるし、大学生や社会人の人たちとSlackやTeamsで日常的に繋がってコミュニケーションがとれていることも、とてもとても勉強になっています。学校とはぜんぜん違う頭を使ってる感じ。チョー仲良くなった大学生の先輩とは、Zoomやりながらお互い寝落ちするくらい語り合ってる（笑）」

起業イベントで出会った仲間の存在も、彼女には大きな刺激になっている。同級生たちの中には、卒業後起業することを決めている子もいる。大学は後でもいい、またはサブ的なステップになっているのだという。

大学行くよりも早く起業したい、っていうのはすごいスピード感だね？

「私もけっこう目からウロコだったんですけど。そうか！　大学って別に行かなくてもいいんだ、って。私も常識にとらわれていたかも、って気づかされた。あれはホントにびっくりした。起業してから大学に行ってもいいし、そのへんはけっこう自由に考えていいんだなっていうのは、最近の大きな気付き。周りの友だちにも言ってまわってます（笑）。父は、『ちょっとよくわかんないけど、八重がそうしたいならいいよ』って言ってました（笑）」

八重にとって今のインターンは、やりがいもあるし毎日が新しい学びだ。いつかは自分で事業を立ち上げたいという彼女の思いはさらに強くなった。NPOにするか、株式会社か。国内が対象なのか、海外なのか。小さい子向けか中高生向けか、まだ事業のカタチは決まっていないと言うが、世界の誰でも夢に向かって挑戦できる社会をつくる、という大きな目標はブレていない。そのために今は勉強の時期だと思っている。

今いちばん頑張ってることは？

「私はけっこう思い立ったらすぐ動いちゃうタイプなんで。今はそういうのを抑えて勉強の時期だと思ってるんです。人の下で働くことも、もちろん初めてだし、新しいスタートを切るための準備をしているつもりです。ハマると無理しちゃうところがあって、こないだも疲れと貧血で倒れて、すごい点滴打たれて入院しちゃいました。でも、今は復活してるから大丈夫です（笑）。子どものことに関わるから、とりあえず保育士の免許も持っておいてもいいなと思って勉強しています。試験系は私、得意なんで、たぶんいけると思います（笑）」

⊙追記

SDGsネイティブと呼ばれる彼女たちの世代は、学校で世界の社会問題を学び、その解決を目指そうというマインドを持っている子も多く、その解決のために起業という選択肢がある。

一部の高校生の間では、起業という言葉は魅力的なワードとなって広がっている。高校生起業家が話題になったり、サラリーマンになるよりもイーロン・マスクのような起業家がカッコいい存在として見えているようだ。

八重の場合、親が経営者であるという環境もあり、また社会問題への関心も高いことから、高校生にしてNPOでインターンをし、スキルアップをしながら起業を目指している。

また、トップレベルの高校では、東大よりもスタンフォードやMIT進学の方が上位の選択肢になっているという話を聞いたことがあるが、大学に行かないで起業をする、もしくは進学をしつつも重点は起業の方に置いている若者もいるようだ。

13 漂流する病み＋界隈系女子

居場所は家でも学校でもなく、歌舞伎町——竹野《たけの》りな

りなは、高校二年生。黒めの服にボブの黒い髪。まったく派手さはなく、郊外のショッピングモールで普通に見かけるような外見をしている。リュックだけはMCMのブランド物だ。ただ、年齢よりは少しだけ大人びて見える。話し方も落ち着いていることが多いが、時おり魂が抜けたように対話の場から離脱するような表情や言動をする。

高二といっても、学校にはとうに行かなくなってもう一年以上は経っている。住まいは新宿、歌舞伎町だ。もちろん家ではなく、ネットカフェだったり、深夜営業の店だったり、高くないホテルを友だちとお金を折半して暮らしている。

今住んでいるのはどんなところ？

「小さな部屋を何人かでシェアして住んでます。みんなで宿代を分けて、だいたい平均して一泊一五〇〇円くらいかな。一緒に借りてる子たちは、似てるところがあったり、近い境遇だったりはするけど、友だちじゃないです。時々、女の子どうしでホテルに泊まることもある。その時はゲームやったりパーティやったりで、それはもう大騒ぎ」

いつからこんな暮らしをしてるの？

「学校に行かなくなってからこのへんに来たので、一年くらいはこの暮らしをしてる。家には帰っていない」

帰りたくはならないの？

「家はあるけど帰れないというか、帰りたくないというか。ぜんぜん未練もないし、忘れたい。私には関係ない場所」

りなは、小学生のとき父を亡くし、母子家庭で三人兄弟の真ん中として育った。母親の再婚相手からの暴力もあった。両親との折り合いはよくない。家出をしても親からの連絡はない。

両親と話すことはないんだ？

「家出して補導されちゃうと、警察から親に連絡が行くんだけど、家には戻れないから養護施設にいく。それで施設を抜け出して、また歌舞伎町に来る。別にここが好きなわけじゃないし、行くところがあれば行くけど……。ここしかないんで」

ここにはりなと似たような子たちが集まってくる。ふだんはそういう子たちと話したり、カラオケに行ったりする。

「トー横キッズ」みたいな子はまだいる？

「TikTokとかで、『トー横界隈』みたいな動画が上がってたり、YouTubeでも出たりしてから、それを見て憧れでここに来ちゃう子とかも増えた。バスタ（新宿のバスターミナル）もあるから地方から直接バスで来る子もいる。ネットでZ李さんみたいな有名人も生まれて、歌舞伎町は有名になっているのかもね。家の環境もそんなひどくないのに、なんで来るのかよくわかんない子も多いけど」

新宿TOHOビルができたのは二〇一五年のこと。その横の広場に、いわゆる「トー横キッズ」たちが集まるようになったのは二〇一八年頃だとされている。ただ、話題として盛り上がってきたのはコロナ禍の頃、新宿にあまり人がいなかった時期のようだ。

どんなタイプの子が多いの？

「最近はヤンキーとか不良っぽい子が観光みたいな感じで増えたけど、昔はあんまりいなかった気がする。いるにはいたけど、別のグループというか。どっちかっていうと弱かったり病んでたりする子がほとんどで。私はもうそっちはあんまりやってないけど、病み垢の子たちも多い」

Twitterで、メンタルを病んでいると自覚した子どもから大人までが、半ば自虐的に自分の病みや愚痴を言う。そういう人間どうしが繋がるハッシュタグが「#病み垢（やみあか）」と呼ばれている。そして、ネットで繋がっていた病み垢の子たちが、歌舞伎町というリアルな場ができたことで集まってきたのが「トー横キッズ」の始まりだという説もある。

病み垢の子は多い？

「多いですね。私も病院入ってたことあるんですけど、精神的な病気があったり、発達（障害）っぽかったりする子たち。学校とかにも馴染めないいんじゃないかな。死にたいって言ってる子も多い。死にたいけど死ねないからここに来るんだと思う」

一緒にネットカフェのような住む場所をシェアしているのは「友だち」じゃないと言っていたのは、こうした関係性が根っこにあるようだ。そういう関係でも、リアルに人と会うことを求めて、トー横に人が来るということかもしれない。

仲良しの友だちはいるの？

「むかし仲良しだなっていう子がいたんだけど死んじゃって。そのときは悲しいというか、裏切られたというか、凹んだ。それからもう友だちっていうのはいいかなって思っちゃった。でもみんなと仲悪くないし、助け合ったりするようなこともたくさんある」

すごく仲良しというわけではないが、助け合いもあるような繋がり。そして上下関係を避けるような傾向もあるようだ。

昔からいる人っているの？

「古参というか、けっこう長いこといる人はいるんだけど、あんまり先輩ヅラしないというか、そういうのを出さないようにしてると思う。ちょっと話題にもなっちゃったし、自殺とか逮捕とかいろいろあったから、みんな目立ちたくないですね。情報交換はしてますよ」

彼女たちの多くは家から離れ、自立している。そのためには寝る場所を確保しないといけないし、ご飯も食べる。生活のための手段は、風俗か「パパ活」が多い。

どうやって生活してるの?

「昔はたまに配信やって、PayPayのQR貼ってお小遣いもらったりしてたこともあるけど、めんどくさくなって辞めちゃった。今はTwitterかアプリでパパ活。軽いやつ」

オジサンと会って、ご飯を食べる。それ以上は踏み込まない。だいたい月に二十万円くらいもらって、それ以上はやらないと決めている。

ホテルに行ったりはしないんだ?

「私はホンバンはしてない。しないと怒り出す人とかもいるけど。あと周りはしている子もいるよ、でも私はご飯だけ。たまに強引な人もいるけど、慣れたから今は危ない目には合わない。何度も同じ人と会うと、だんだんやらせてって感じになってきて、お小遣いもらいにくくなってくるから嫌かな。契約しようとか言う人もいるけど、だいたい嘘だから期待してない。月に五十万以上稼いでいる子もいる。その子、もともとお金持ちの子なんだけどね。時々、ご飯ごちそうになるよ」

⦿追記

電車の乗降者数が世界で最も多いのは新宿駅であり、次は渋谷、池袋と続いている。戦後、山手線から西の方面に住宅地が広がり、私鉄と繋がる新宿などのターミナル駅では、サラリーマンが乗り換えのついでに一杯飲みに行くようになる。そして飲食店街が広がり、その背後にラブホ街が広がった。新宿歌舞伎町は、戦後の駅前ヤミ市の時代から、花園ゴールデン街など、多くの飲食店街が栄えた。

一九六〇年代後半、新宿は「若者の町」として話題になり、フーテンと呼ばれる若者たちが、駅前の広場にたむろしたり一日中寝っ転がったりしていた。西口広場では、ギターを持った若者たちが自主コンサートを勝手に開いて、警官と衝突していた。そこでは、さまざまな青春ドラマが繰り広げられていた。

時代は変わって、若者の町は渋谷や下北沢や自由が丘に広がっていった。新宿は西口や南口の発展とともに、ビジネスマンの町になった。しかし、その裏で風俗産業や出会い系産業、ホストクラブの中心は、やはり新宿歌舞伎町であった。

新宿コマ劇場が新しく「新宿ＴＯＨＯビル」になると、その隣の広場に集まる若者が増え、彼らは「トー横キッズ」と呼ばれるようになる。新宿には、単調な日常生活を嫌う若者たちを引き寄せる、不思議な磁場があるようだ。

14

人生刹那系ＪＫ

パパから、ホストから、可愛いと言われる毎日

——石川綾《いしかわあや》

家の話はしない、という約束で話を聞いた。
十八歳の綾は、高校には行っていない。詳しいことは教えてくれない。身長は一五〇センチくらい、ヤセ型で目鼻立ちははっきりしている。髪は真っ黒なロング。服は派手ではないが、安いものではないことがわかる。黒い大きなマスクをしていて、マスクはほとんど外さないという。そして話をしている間中、目を合わすことがほとんどないのも印象的だった。スマホからは手を離さず、時折通知を確認している。パパかホストか、どちらかのメッセージだという。
家は新宿のマンション。パパ活の相手に提供してもらったものだ。パパ活は若い女性たちの間でカジュアルなバイトとして広がっている。そして、それは綾のような十代の子たちにとってもそうらしい。

どうやってパパ活をしてるの？

「アプリかTwitterで『DMちょうだい』って書いてると、なんかしら来る。アプリはpaddyとか、会う前にオンラインで話せるラブアンとかワクメ（ワクワクメール）とか、いろいろ。アプリのプロフに年収三千万とか五千万とか書いてあってもだいたい嘘で、その中からまともそうな人を探します。嘘かどうかはなんとなくわかる。少しやりとりして大丈夫そうだなと思ったら会う」

リスクのある稼ぎ方をしているため、自分を守る技術は必要だ。いろいろな経験を経てサバイバルのためのスキルを身につけてきたのだろう。

面倒くさくない相手を見分けないといけないいんだね。

「だいたいみんな嘘ばっかりなんで。本当にお金を持ってるか、趣味がヘンとか危ない人じゃないかとか、そういうのは見分けないと。リアルで会った時も、メチャ観察してますよ。この人はどんなプレゼントくれるのか、連れてってくれる店はどんな店か。ホントにお金持ってるか判断する。あとはTwitterのDMとか、LINEとか、たまにTelegram使ってる人もいるけど、そのメッセージ見て、頭悪くないかとか、頭おかしくないかとか判断する。でも、普通の大人だってマッチングアプリでデートするときなんか、それくらいやってるんじゃないですか」

綾は、本は読まないしマンガも映画も見ない。スマホのメッセージを見て、返して、会って、お金をもらう。やりとりのメッセージから正確な情報を読みとり、それにうまく返すことが彼女の生命線ともいえる。

「ゲームみたいな感じ。期待させるために可愛いメッセージ送ったり、『身体だけじゃなくてお互いに尊敬できる関係を作っていきたいから』とか言って、ヤルまでの期間をできるだけ延ばして、何度もご飯とお小遣いもらったりとか。そのへんはいくらでもやり方はあります。そんなに難しいことじゃない。あとは欲張らない方がいい。だいたいメンドクサイことになるから。月五十（万）あげるよ、とか最初から言う人はぜんぜん信用しない」

面倒なことになったことある？

「軽くある。ケチなおじさんで、小遣い払わないから即切ろうとしたら、バラすとか脅してきたから、『ふざけんな、うちがバラすぞ』って言って切った」

その他にトラブルは？

「あんまりない。そうなりそうな人はすぐ切る。ヤリ逃げとかもされたことない。なんかあったときのために、ナンバー写メしたり名刺もらったりとかはしてるし。会った後に本名わかったら名前検索したりもする」

話していても賢さがわかる。自分を守りながら、自分の価値を売るプロフェッショナルなスキルがある。

今のパパとはどこで会ったの？

「アプリじゃなくて、ちょっと前までバイトしてた高級そうな日本料理屋さんみたいなところがあって。そこは風俗じゃないんだけど、社長とかお金持ちが来る。そこで年齢サバよんで和服着て働いてた。店で働いてる子は、お客に気に入られると仲良くなれる。昔からそういう場所があるみたいで、店ではエッチなこともダメ。そこで裏引きしてくれた人がパパになった」

裏引きというのは風俗業界の言葉で、お店で働いている子に店の外でお金を払うから会おうよと誘うこと。綾が働いていた料理店は社会的にもステイタスのある客が多かったそうで、パパ活のルートとしてはかなり良い筋だという。

どんな人？

「五十歳くらいで、なんかの社長。親の仕事をついでるみたいなことを言ってたけど、詳しくは知らない。そんなに太くない（お金をたくさんもってない）気がするけど、半年くらいかな。けっこう長いほう。エッチしないでご飯して、ただ話をするだけのときもぜんぜんある。家も用意してくれて、私と話してるのが、なぜかわからないけどたぶん楽しいんだと思う。でも、もう切るかも。あんまり長いのもメンドクサイから」

友だちは？

「小学校が一緒の子で、たまにLINEする子がいるくらい。ホントに仲いい友だちはいないかな。パパ活のLINEグループみたいなのがあるから、そこで情報交換くらいはするけど。友だちにはあんまり興味ない」

お金の使い道はそれほど多くない。コスメや服にもそれほどお金をかけていないし、パパからいくらでももらえる。お金の使い道のほとんどは、ホストクラブだ。

ホストクラブにはなんで行くのかな？

「お金を使ったら優しくしてもらえるから。好きっちゃ好きだけど、お金の関係だから信用してないし、お金のためにホストは嘘つくから、すぐ愛してるとか言うし。だいたい三カ月くらいで扱いが雑になってくる。それも向こうは作戦なんだけど。何回か経験したらもうわかったので（笑）、ヘンな沼りかたはもうしなくなった」

綾は十八歳になるまでは、年齢制限でホストクラブは行けなかったはずである。
十八歳未満の未成年には、ホストクラブの代わりにメンズコンセプトカフェ（コンカフェ）という選択肢もある。猫をコンセプトにした猫カフェのように、推しの男性がいるカフェが未成年でも行ける場所になっているようだ。

ホストクラブも、今は入店するのに年齢制限が厳しくなっているんじゃない？

「そう、でも行けますよ、ぜんぜん。お金があれば」

今、推しのホストはどんな人？

「担当（推しホスト）は顔がよくて頭が悪いです（笑）。つまんない自慢話と、自分にお金使って（自分の売上を）一位にして、ってことしか言わない。ホントつまんない子どもみたいな担当なんだけど、LINEがエモい。バカなのに言葉のセンスがあるから大好き（笑）。一位にしてあげたいし、なんかどこかが合うというか、会いに行っちゃう。向こうもそう思ってると思う。思い込みかもしれないけど（笑）」

将来について何か考えてる？

「明日死んでもいいですね（笑）。担当（推しホスト）にボロクソ言われて、メンタルボロボロにされて、お金使っても雑に扱われて、もう死ぬかって思ったら優しいメール来たりするだけの毎日ですよ。でも、担当いなくなったらパパ活も辞めるし、たぶん死ぬ（笑）」

⦿追記

パパに「可愛い」と言われてお金をもらい、担当するホストにも「可愛い」と言われてお金を貢ぐという毎日。「可愛い」によってお金がぐるぐると回る世界の真ん中で刹那を生きる彼女たちの拠り所になっている夜の歌舞伎町。「トー横」が帰る場所のない子たちの拠り所ににになっているように、ホストクラブは承認欲求や束の間のリアルな繋がりを求める女子たちにとって、無くてはならない場所になっているようだ。

対論

女子高生の心の引き出し

橘川幸夫×淵上周平

橘川：今回、女子高生を対象に、インタビューやアンケートなどによって、世代調査と取材を行ったが、一緒に作業をしてくれた淵上君と現代の女子高生像について語り合ってみた。

淵上：私は神奈川県生まれで東京在住、中一と小五の子どもと一緒に暮らしています。今の子どもたちは、どういう社会で、どういう心持ちでこれから生きていくのかっていうことにも関心があって、興味深い調査になりました。

橘川：私は団塊の世代、淵上は団塊ジュニアの世代。で、今回調査したのは団塊孫世代になると思うのだが、最も特徴的な点は何だったのかな?

淵上：いろんなタイプがいるんですけど、男子と比べたときに、やっぱり女子はしっかりしとるなと。自分なりに考えていて、自分なりの思想がある、というのを感じました。それは部活を通して育ててきた思想だったり、バイト先で先輩から教えてもらっていたり、もともと自分の中にある思想だったり、すごくしっかりした芯のようなものを持ってるなと。

橘川：個別にはいろんなタイプの子がいて、真面目な子もいれば、そうじゃないのもいる。僕は昭和の頃から子ども調査研究所っていうところで、マーケティングの仕事で中高生の調査をやってきたんだけど、それは昔と変わらないいんだろう。

　戦後、女性は強くなったって言われてきた。六〇年代ぐらいまでは男の世界が強かったけど、七〇年代から急速に男の力が弱くなって女性が台頭してきたみたいなことが言われてる。

でもマーケティングをしてきた実感で言うと、女って変わらないんだと思うんだよな。男が弱くなっただけなんだよ。

淵上：なるほど、わかる（笑）。

橘川：今回の調査の根幹は人類史的な話なんだと思う。さかのぼると、農耕時代に「家」という箱ができるわけだ。すべての情報が家に蓄積されるようになる。農業であれば、種付けの日取りとか農具の扱い方とか、そういう情報が家に伝承されていて、親が子に家を継がせるのは、その情報を伝達するという役割があったんだ。それが家の格式だったり家風や家業だったりするんだが、基本的には男が引き継いできた。

それから近代になって都市化が進んでくると、日本の場合は特にそうだが、企業が家になったんだ。これは林雄二郎さんに教えてもらったことなんだが、日本の近代化がうまくいったのは、それまでの農耕文化をそっくりそのまま企業の中に持ち込んだからなんだと。たとえば和を大事にするとか、嘘をつかないとか、勤勉の精神とか、上を敬うとか、そういったものはみんな日本固有の農耕文化が継承してきたもので、それが近代に持ち込まれたことでうまくいったんだと。

で、それによって何が起きたかというと、それまでは家の中に情報が蓄積されてきたように、企業という組織に情報が蓄積されたわけだ。ただ、それはやっぱり男社会なんだと思う。今、日本の企業組織が崩れているというのは、そういう近代の男の社会の崩壊であるわけだ。

それが家の崩壊と絡んでる。
そのときに大事なのは、女は基本的に変わってないということ。女はこれまでは男の社会にうまく対応してきたんだけど、男が崩壊してるから対応する必要もなくなってきていて、相変わらず変わらない女性が目立ってきたっていうことなんだと思う。

淵上：確かに、今回取材した女子高生たちも、男のことをあんまり大切に考えてないってのは、ほぼ共通してあったかもしれない。

橘川：だからさ、男子高校生を対象にこの調査をやっても、ここまで多様にはならなかったと思う。

淵上：そうかもしれませんね。男の子は、だいたいゲームやアニメ、あとはアイドルと部活という子がメインで。

橘川：歴史なんか昔は男の関心対象だったけど、今は「歴女」みたいに、女の子の関心が高まっている。男の領域と女の領域がなくなってきたのも戦後社会の特徴なんだが、男の領域への女の侵食は多いけど、逆はあんまりないような気がするな。

淵上：昔と変わらないところもありつつ、大きく変わっているところもいくつかあるなと感じました。まず大きなところでは、スマホとネットの利用が当たり前になっていて、中学生くらいからその環境で生きていることでしょうか。ネットの通信制高校に通う子がいたり、VRで部活をする子がいたり、あとはTwitterで「売り」をやってる子もそうですが、リアルとデジタルのハイブリッドな環境を生きてるんだなというのは、あらためて確認しました。

橘川：今の十五歳といえば、生まれたのが二〇〇八年ぐらいか。初代のiPhoneが発売になったのが二〇〇七年だから、今の高校生たちは生まれた時からiPhoneがあった時代の子どもたちなんだよな。団塊ジュニアだと、生まれた時からテレビがあったというのが世代意識に大きな影響を与えていたが、iPhoneはテレビに匹敵するインパクトがあるな。ほとんどコンピュータと、デスクトップではなく生活の中で一緒に暮らしているようなものだから。

淵上：そうですね。ウチの子どもがiPhoneやタブレットを使っているのを見てると、説明書なんてもちろん見てない。そもそも、ないけど（笑）。でも、いじりながら使えるようになっていて、おそらくゲームなんかを通してUI/UXの基本に慣れているっていうことが大きいと思います。サービスやアプリをつくってる制作側も、そのへんはすごくちゃんと作ってるってこともありますが、ともかくあいつらは本当にデジタル・ネイティブなんだなというのがよくわかります。

橘川：ゲームをやってない世代は、銀行のATMや新幹線の自動販売機でも苦労してたと思う。頭で分かることと体で体得してるのは違うからな。

淵上：あとは本を読まない、マンガも読まない、という子がけっこういました。「文字を読むのが嫌いです」という声もありました。でも一方で、SNSのメッセージのやりとりは昔よりもぜんぜん活発で、より重要になっているはずですよね。少ないメッセージのやりとりから空気を読んだり、それに対応した適切な言葉を返しているはずで、そういう言葉のセンスは変わっているんだろうなということも思いました。

橘川：私らの世代だと「本」を通して、社会の動向とか歴史の姿を学んだ。マンガも単なる娯楽というよりも、白土三平で封建制度の仕組みを学び、横山光輝で中国史を学んだみたいなことがある。こち亀（『こちら葛飾区亀有公園前派出所』）なんか、雑学の宝庫だった。孫正義さんもゴルゴ13で国際情勢を学んだと言っていたな（笑）。教養みたいなものが、活字本からマンガになり、さらにアニメになってエンターテイメント化したが、本質は教養を身につける手段なんだと思う。ジブリや虚淵玄（『魔法少女まどか☆マギカ』の作者）のアニメは、最先端の教養だと思う。そうした作品的な教養メディアが、ＳＮＳの普及によって、大きく変貌しつつあるんだろう。

淵上：今の子どもたちは小・中・高・大学生とも、圧倒的にYouTubeからの教養なんでしょうね。女子高生たちはメイクも自分磨きも、YouTubeやTikTokから学んでました。

橘川：YouTubeは、本や雑誌、図書館の代わりなんだな。出版が滅びつつあると、古い出版業界の人は嘆くが、本や雑誌が担っていたものが、新しい時代のメディアに移り変わっているだけで、伝えようとする中身は基本的に変わっていない。

淵上：橘川さんが以前、「かつて子どもは「家」の子だった。やがて「社会」の子になった。

そして、これからは「情報」の子になる。一人ひとりがネットで発している言葉が、新しい世代の子どもたちの羊水となり、遊び場となり、街角となる」と言ってましたが、「情報の子」という表現は、今回いろんな女子高生たちと話してきた感じとしっくりきますね。

橘川：もともと家というのは、家族が一体となって創る共同体だった。子どもは家で生まれて、それぞれの家の家風みたいなものの中で育った。しかし、子どもにとって家以外の学校とか塾とか、外部で過ごす時間が大きくなると、家の外の社会の方から影響が大きくなる。さらに、テレビから始まり、その後出現するゲームやインターネットの世界が子どもにとって大事になってくると、ネットに溢れている言葉が、親の言葉よりも強い影響を与えるんだな。

淵上：公園に行って親子で遊んでるのを観察してると、だいたい親も子どもじゃなくてスマホ見てて、そういう姿を子どもが見て育ったら、そりゃ子どももスマホ見るよなって思いますよ。

あと家ということでいうと、将来結婚したい、子どもが欲しい、という子はもちろんいるんですが、一方で結婚は考えていない、あるいは考えられない。一緒に生活するなら友だち、かつ同性のほうがいい、という話はけっこう聞きました。それはヲタクの子たちにやっぱり多かったかな。シェアハウスっぽいイメージというか。もちろん一般化はできませんが、これは一定数いるなと。結婚や家というものへの諦念というか、「異性への遠い目線」みたいなことを感じたインタビューがいくつかありました。

橘川：結婚というのは、「家」を守るという目的のためにあったんだと思う。子どもを産むだけだったら結婚という制度はいらない。確かに昔の農耕社会における制度としての結婚には、代々の「家」を守り経験を継承して家族を安定させるという目的があった。しかし、近代の工業社会の中で、そうした農村的な「家」は崩壊してきた。その崩壊を急速に加速させたのがインターネットだと思う。そういう環境の中では、「家」が崩壊して「個人」だけが情報の上で生活することになったわけだ。そういう環境の中では、結婚を前提とした旧来の男女関係では、つかみきれない状況が生まれているんだと思う。

淵上：先ほどもあった「家の子」ではなくなって、「社会の子」でもなくなって、「情報の子」になったとき、「家」を前提とした数万年の歴史をベースにしている結婚という制度にリアリティがなくなるのは、ある意味で当然ですよね。

今回の女子高生へのインタビューでは、どんなときに自分が「大人」になったか、という問いをひとつのポイントとしていたんですが、結婚も含めた「家」の制度は、人が「大人」になるということを支えていたという側面もあると思います。「情報の子」たちは、どうやって「大人」になるんでしょうか？

ちなみに、日本財団がやっている世界六カ国十八歳意識調査というリサーチがあるんですが、日本は他国を圧倒して「自分は大人だと思う」十八歳が少ないという結果が出ています。

橘川：大人になるのは、大人になった方がメリットあるからだと思うんだ。私らが、家を出て一人暮らしに憧れたのは、そこには親の束縛から離れて自由に生活したいという意識があった。今は、親が子どもを束縛することが減っているのでは。子どもが大人になる過程には、それなりの責任が伴うから、かえって子どものままの方がいいという意識もあるのかも知れない。

淵上：なるほど。女子高生たちに家の中でどこが好きかと聞くと、一番多かったのがリビングなんですよね。自分の部屋があるのにリビングが大好き。スマホもテレビも宿題もリビングでやるし、そこに家族もみんないると言う。家族と仲がいいってこともあるんだけど、プライベートがあんまり感じられないというか、自分の場所を求める声はかなり少なかった。スマホで違う世界に繋がっているから、ある意味でそこが個室なのかもしれないと思いました。

橘川：東大の建築を出て建設省の研究所に入って、定期借地権住宅の開発をした小林秀樹っていう建築家がいて、義理の弟なんだけど、彼がセキスイハイムからの委託で一九九一年に新しいコンセプトの家を開発したんだ。スタディスタディっていうんだけど、リビングがでっかく中心にある建売住宅で、お母さんはそこで家事や趣味をやる、子どもは勉強をする、お父さんも読書したり仕事もする、みんなでご飯も食べる。その空間は、家族全体から見渡せるように出来ている。

そして、それぞれの自室は、ただ寝るだけの個室。それがあたった。墓をどうするのかという問題とか、薄くなってる親戚関係とか、家の崩壊ということにみんなが気づいてるんだ。そうすると形式としての家はなくなるけど、逆に信頼できるものとしての家族コミュニティはもっと濃くなってきた。それは間違いない。その家族間の愛情がひっくり返ると苛烈な闘いになったりする。つまり、昔の家は形式に期待してたんだけど、形式がなくなって生身の家族が現れちゃった、っていうことなんじゃないかな。

淵上：毒親問題とかもありますもんね。すごく冷めた目線で親のことを見ている子もいます。脇田さん（3）は、「両親は考えが古い。自分たちが高卒だから、子どももそれでいいと思っている」と言っていて、今は親に従っているけど早くそこから自由になりたい、だから扶養枠を超えるくらいバイトをいっぱいしています。鮫島さん（10）はダサいのがイヤな子で、反抗はしていないけどたぶん親のこともダサいと思っている。オールドスクールというか、昔もこういう子いたな、っていう感じ。

あと、歌舞伎町に居る竹野さん（13）は完全に家を捨てている。この子についてはまた後ほど話したいと思いますが、基本的には親とは仲がいいという子が多かった。

蔵田さん（1）は、中学のとき少し反抗期があったけれど、今はお母さんのことをとても尊敬している。服のセンスもいいし、影響を受けている、っていう話をしてましたね。

親と仲がいい子もそうでもない子もいるけど、総じてバラバラというか、親と適度な距離感がある。昔あったような葛藤はあんまり感じられなかったです。

橘川：漫画家の真崎守から学んだことだけど、反抗期とは時期じゃなくて、反抗する理由があるからだっていうことなんだ。七〇年代までは、時代の流れはさっき言ったように、家から離れて都市に向かっていったんだけど、家というものはまだ確固としてあった。それが親の権力で、それに反抗したわけだ。自由に生きたいんだ、縛られたくないんだと思ったら反抗して対峙する。ところが今は、その世代が親になっちゃってるから、自分たちが守るべきものがないんだよ。

俺らの世代は、ちょうど男女共学が始まったときなんだよ。それまでは「男女七歳にして席を同じゅうせず」みたいな儒教的な価値観があったんだが、戦後民主主義の中でそれが否定されていった。そこの意識の変化というのは歴史的な事件だと思う。たとえば、昔は外国人と結婚すると言ったら家族会議、親戚会議を開くくらいの大騒ぎになった。それは家の血筋を守るっていうのが大事だったから。家の中に違うものが入ってくるっていうことに対して親や親戚が抵抗した、というよりは「家」が抵抗したんだと思う。そういうことをだんだん背負わなくなってきて、呪縛からどんどん離れていった。葛藤はなくなるよな。

淵上：男と結婚するより女の友だちと暮らす方がいい、って言ってた子もそうですが、女たちの同盟みたいな関係の方がラクだし、増えていくのかもしれませんね。

橘川：情報化社会というのは情報が普及するだけでなく、旧来の家とか、母親が娘に伝える情報とかもオープンになっていくし、家電の進化のように、家の歴史が持ってた経験とかノウハウが社会化されていくので、家という父親・母親・子どもという関係性も変質していったんだろう。

淵上：先ほども話題になりましたが、なんらかのヲタク性のある子が本当に多かった。もともと「ヲタク」という言葉は、二人称の相手のことを「おたくは」と言うところから来ていますが、ヲタクは今や完全にマジョリティ。たとえば「1—自立型表現者」の子は、アウトプット型のヲタでした。自分で絵を描いてTwitterに発表して、もう仕事ももらっている。

ヲタクは、大きく分けると消費・収集を主な活動にしているインプット型と、そこから二次創作に入ったり作り手側になるアウトプット型の2パターンがあると思うんですが、「1—自立型表現者」は後者。で、彼女なんかは時代がたとえば八〇年代だったらニューウェーブのバンドをやっていたかもしれないし、九〇年代だったら岡崎京子なんかが好きで、同人誌やってたかもしれない。時代の旬なところに居るんじゃないかなとも感じました。

橘川：「ヲタク」という言葉は、八〇年代に『東京おとなクラブ』という遠藤ユウイチと中森明夫が作っていたサブカル雑誌の中で作られた言葉だけど、七〇年代の『ロッキング・オン』や『ロックマガジン』のような音楽系サブカル雑誌の流れから、ロック意識をベースにした多様なサブカル・ミニコミやアンダーグラウンドが生まれた。

それと同時にパソコン通信が始まり、PDSシステムが普及し、インターネットへの流れが出てきた時代なんだ。それまでは、メディアの権力者が情報を一元管理していて、一方的に流していたんだが、それに最初に異議申し立てをしたのがロックだと思うんだ。ロックの詩には「lie（嘘）」という言葉が多いと、ロッキング・オンの岩谷宏が言ってた。カウンターカルチャーというやつだな。

その若者意識と情報化の時代が重なったのが八〇年代で、感度の良い若い連中は、既存の権威が保証した情報ではなく、自分の感性でテーマを選び、素人が専門家のように情報を蓄積していった。それがヲタクだな。中には「さかなクン」のようにマスコミに浮上した情報マニア（ヲタク）もいるけど、いろんなテーマでヲタクは広がっていった。

淵上：ヲタクは情報化社会の副産物なんですね。

橘川：テレビに出る専門家より情報持ってるヲタクはいっぱいいる。軍事ヲタクなんか一日中、世界の軍事情報にあたっていたり仲間と情報交換してるんで、大学で旧来の専門書だけにあたっている先生よりは、生々しい情報を持ってる。

淵上：「自分磨き」という言葉を何人かから聞きました。コスメに興味のある子は普通に使ってましたし、マイペースな部活っ子だった千野さん（9）は今の自分をダサいと、ちょっと自虐的に見ながら、「垢抜け」するために自分磨きをする、と言ってました。

いくつか背景があると思うんですが、ひとつは社会から見られる自分の価値を上げていくというモチベーションでしょうか。今回話を聞いた子たちはＳＮＳをみんな使ってますが、そこで自分をオープンに表現する、晒すことはしない子が多かったです。とはいえ、肯定されたいという希望はある、そんな感じがしました。

あとは韓国や日本のアイドルたちが頑張って成長していく姿は、影響がありそうだなと感じました。一生懸命やることがカッコいい、尊い、っていうのは、僕みたいな八〇年代、九〇年代に若者だった人間にとっては新鮮です。頑張って自分を磨いて、成長しようという気持ちを持ってる子も多いんじゃないでしょうか。

橘川：「自分磨き」という言葉は、私らの世代だと「自己否定」だったな（笑）。それまでの「良い子」として育ってきた自分を否定して、ゼロから新しい自分を作り出したいような感じで。自分磨きというのは、それまでの自分を否定することなく外形的な面を磨くような感じがするな。「自分磨き」って、要するに情報収集力のことだな。

渕上：今の子たちの自己認識は、「私なんて」という自己卑下もありつつ基本は肯定。「いいね」に呪われてるといったら言い過ぎかもしれませんが。

さっきアイドルの存在の大きさという話がありましたが、欲望の向かう先としての「推し」の大きさですね。バーチャルもリアルもどちらもありますが、「推し」がいる子がほとんどで、ヲタク性も高い。「1―自立型表現者」はVTuber推し、「3―学外活動活発女子」は浦島坂田船推し、「8―家族最優先のヤングケアラー」はディズニーの箱推し、「14―人生刹那系JK」はホスト推し、他の子たちもだいたい「推し」がいました。

団塊ジュニアの私の世代でも、ジャニーズ好きの女子中高生はいましたし、バンドの追っかけ、僕よりも下の世代だとバンギャみたいなのもいましたが、少しマニアックなタイプだった。でも、今の子たちは普通にだいたい推しがいる。あと面白いのは、お母さんと「推し」を共有している人も多いですね。親と同じ「推し」って、昔だったら考えられないですよね。

橘川：「推し」は、かつてのスターに対する憧れとか、偉人に対する尊敬とは違うな。私は六十歳を過ぎて、十五歳の平手友梨奈にはまり、東京のライブはだいたい観てきたが、アイドルの「推し活」をしてる子たちの動きを観ていると、なんか受け身のファンというより、プロデューサー感覚でアイドルを見るファンが多いのに驚いた。とにかく、「推し」の日常の動きやメディアでの動きは、猛烈な勢いでSNS上に情報が飛び交い、その情報を追いかけるだけで一日が終わるような感じだ（笑）。「推し」というのは、デビューしたての子をスターに押し上げるということだろう。

淵上：「育てゲー」ですよね。宝塚でもジャニーズでも、そういう育てる楽しさみたいなのは伝統的にあったと思いますが、それがマス化している。育てて成長することや変化すること自体がエンタメになってビジネスになってると。

橘川：『乃木坂46』の5期生のオーディション応募数は８７８５２人。十五歳から十九歳までの女子人口は９５９０００人（「平成二十年十月一日現在推計人口」総務省統計局）だから、十一人に一人の子が応募してることになる。一クラスで二・三人が応募してるわけだから、ものすごいね。

淵上：ダンス頑張ってる子たちも多いですよね。部活というアクティビティの大きさは昔と変わっていないということも感じました。通信制の高校に通っているという加藤さん（4）は、吹奏楽部の先輩に憧れて自分も成長できたと言っているし、部活で高校を選ぶという子も多い。部活は昔ほど厳しくなくなってきてるし、学校の外に運営を委託しようっていう社会の流れも出てきてますけど、仲間や先輩後輩たちと何かに打ち込むことで成長する場所、という意味ではまだまだ機能しているんだなと。あと、吹奏楽部の子がリサーチを通して多かった。今や文化系部活の代表なんじゃないでしょうか。

橘川：封建的な「家」は崩れつつあるけど、人は個人では寂しいので別の拠り所を探しているのだと思う。それが部活だったり、ファンクラブだったり、趣味のサークルだったりするんだろう。部活は「家」と違い、自分で選択できて、やがて自然に卒業できるから、気楽なのでは。

淵上：「パパ活」の石川さんは、マスクが身体の一部みたいになっていて、ほぼ取らないと言ってました。他の子たちも同様にコロナ禍の中、マスクで学校生活を送っているので、これが今後どう影響していくのかは気になります。

橘川：私は若い世代の考えることや、やることを、ずっと無条件に評価してきた。なぜなら、大人は自分たちの生きている現実をベースにして、それをよくしようと努力するんだが、若い世代は自分たちが大人になった時代のことを想像しながら生きているので、大人たちより未来的な感覚になっているからだ。それは子どもたちの進学選びを見ると分かるんだが、八〇年代はコンピュータ系の志望がグッと増えた。九〇年代は福祉系やソーシャル系の志望が増えた。今は YouTuber だろう?

YouTube 的な環境が、これからの社会の本流になることを感じとっているんだろう。

おわりに

淵上周平

話を聞かせてもらった女子高生たちは、みんな〝オトナ〟だった。

年齢的には十代の後半、だいたいは学校に所属し、家族に守られて生活をしている彼女たちは、自分のことをおそらく「大人」だとは思っていないだろう。二〇二二年に日本財団が出したレポートで、日本、アメリカ、イギリス、中国、韓国、インドの六カ国の若者（十七歳~十九歳男女、各国一〇〇〇名）を対象にして行った「国や社会に対する意識」という調査がある。その中の質問、「自分を大人だと思う」にYesと答えた若者は、アメリカでは85・7％、中国では71・0％、日本は27・3％でもっとも低い。各国の若者たちは、「大人」とはどういう人のことだと考えているのか聞いてみたいところだが、大学で教師をしている友人がこの結果について面白い指摘をしていた。いわく、「日本の若い子たちは、自分でお金を稼げることが大人だと思っている」仕事をしてお金を稼いで、自分の力で生活ができることが「大人」だと考えているので、まだ稼いでない十七~十九歳は、自分たちのことを

「大人」じゃないと思っているようなのだ。

話を聞かせてもらった女子高生たちは、当たり前だがバラバラである。バイトをしている人もいれば、仕事をしている人もいるし、就職の準備、大学に行くための勉強に忙しい人もいる。学校が楽しい人もいれば、今にも辞めそうな人もいるし、とっくに辞めてしまっている人もいる。ヲタク系は多いけれどガチ部活もいるし、家好きもいれば外に出るタイプもいる。これは今に始まったことではなく、二十年前も四十年前もあまり変わらないだろうし、弥生時代でも同じだろう。ただ自分が高校生だった頃と比べてもすこし違うと感じたのは、共通するクールさだった。

子どもと大人の間というこの時期特有のどこにも所属していないようなふわふわした感じとはまた別に（それは自分たちのときもあった）、はじめて話す信用できるかどうかもわからない大人（インタビュアーのわたし）に対しても、ごまかさずに自分の言葉で話してくれる彼女たちから、群れず、騒がず、ひとり荒野に立っているようなクールな距離感を感じていた。

先の若者調査で、「自国の将来が良くなる」と考えているかどうかという質問があり、Yesと答えた若者は、米国では36・1%、中国は95・7%でインドは83・1%。そして日本はこれまた最下位の13・9%だ。そんな世界線で生きていたらクールにもなる。これから出ていかなくちゃいけない社会というよくわからないところに、何らかの期待も準備もしているだろうけれど、彼女たちはクールで孤独だ。

いつでも若者は時代の先っぽにいる。さらに現代は、女子たちに一番の前衛を歩ませるような残酷さがある。彼女たちは日常を商品に包囲されまくっていて、TikTokでもYouTubeでもTwitterでも広告を浴び、スマホの画面からいつも急き立てられながら毎日を過ごしていて、そして自分たちも商品価値を高めるために自分磨きをし、勉強もし、SNSで関係のメンテをする。弥生時代と違うのは、とにかく商品ばっかりの世界に生きているということだ。

それでも。彼女たちはどこかクールな距離感を社会と自分の間に保っている。広告にも商品にも、大人にも社会にも、心を奪われ自分の魂を売ってしまうようなことはしない。そんなバカではない。ぜんぜんお金を稼いでいないし持っていないのに、いやむしろ持っていないからかもしれないが、〝オトナ〟を感じるのはそこだ。

彼女たちは自分を信じているからだと思う。日本はこれから右肩下がりであんまり明るくないことも、自分たちが商品のように扱われていることにももちろん気づいている。それでも彼女たちは自分を信じていて、それは自由に生きたいっていうシンプルな希望から来るのだと思う。

まだ生まれてきたばかりの人間と話すと、そういうシンプルなことを教えてもらえる。話をしてくれた女子高生のみなさん、ありがとうございました。でも、重めの幻想を勝手に私たちに投影しないでくださいって言われそうだけど（笑）。

橘川幸夫（キツカワ・ユキオ）

1950年2月4日、東京新宿生まれ。デジタルメディア研究所所長。一般社団法人参加型社会学会代表理事。iU 情報経営イノベーション専門職大学超客員教授。元多摩大学経営情報学科客員教授など、専門学校、大学の講師経験多数。

1972年、渋谷陽一らと音楽投稿雑誌『ロッキング・オン』創刊。1978年、全面投稿雑誌『ポンプ』を創刊。その後、様々なメディアを開発する。1983年、定性調査を定量的に処理する「気分調査法」を開発。大手企業を中心に、商品開発、市場調査などのマーケティング調査活動を行う。80年代後半より草の根ＢＢＳを主催、ニフティの「FMEDIA」のシスオペを勤める。1996年、株式会社デジタルメディア研究所を創業。インターネット・メディア開発、企業コンサルテーションなどを行う。2020年より私塾の深呼吸学部を主宰。講演など多数。

著書として、『企画書』（1980/宝島社）『メディアが何をしたか？』（1984/ロッキングオン社）、『ナゾのヘソ島』（1988/アリス館）、『一応族の反乱』（1990 /日本経済新聞社）、『生意気の構造』（1994/日本経済新聞社）、『シフトマーケティング』（1995/ビジネス社）、『21世紀企画書』（2000/晶文社）、『インターネットは儲からない！』（2001 ／日経BP社）、『暇つぶしの時代』（2003/平凡社）、『やきそばパンの逆襲』（2004/河出書房新社）、『風のアジテーション』（2004/角川書店）、『自分探偵社』（2004/オンブック）、『ドラマで泣いて、人生充実するのか、おまえ。』（2008/バジリコ）、『森を見る力』（2014/晶文社）、『ロッキング・オンの時代』（2018/晶文社）、『参加型社会宣言』（2020/メタ・ブレーン）、『メディアが何をしたか？　Part2』（2023/メタ・ブレーン）他、共著・編著多数。

淵上周平（ふちがみ・しゅうへい）

1974年神奈川県生まれ。編集者。ワークショップデザイナー。

中央大学総合政策学部にて人類学と宗教学を学ぶ。卒業後、角川書店で雑誌・書籍の制作編集に従事。その後独立し、編集とWEB制作をベースに活動。社外取締役として株式会社PTPで福井県や滋賀県の地域活性のプロジェクトディレクション、株式会社エンパブリックでワークショップ開発と事業インキュベーション、NPO法人ETIC.で社会起業家のためのウェブメディアの編集長などに携わる。

女子高生いま

2023年8月8日　初版第1刷発行

著者　**橘川幸夫**
取材協力　**淵上周平**
発行人　**長廻健太郎**
発行所　**バジリコ株式会社**
〒162-0054
東京都新宿区河田町3-15 河田町ビル3階
電話：03-5363-5920　ファクス：03-5919-2442
http://www.basilico.co.jp

印刷・製本　**中央精版印刷株式会社**

ISBN978-4-86238-254-2